CONTENIDO

Capítulo		Página #

Sección 1: El Espíritu Santo

1	El Espíritu Santo Es Una Persona	5
2	El Espíritu Santo Te Creó	9
3	El Espíritu Santo Es El Autor De La Palabra De Dios	15
4	El Espíritu Santo Es Tu Única Fuente De Gozo Verdadero Paz Y Amor	19
5	El Espíritu Santo Se Contrista Con La Conversación Y La Conducta Equivocada	31
6	El Espíritu Santo Intercede Por Ti Continuamente	39
7	Al Espíritu Santo Le Gusta Cantar	45
8	El Espíritu Santo Te Puede Proveer Con Un Lenguaje De Oración Que Nadie Entiende Sino Dios	51
9	El Espíritu Santo Es La Fuente De Unción Para Tu Vida	61
10	El Espíritu Santo Disfruta Hablar De Todo Contigo	67

Sección 2: La Asignación

11	Todo Lo Que Dios Creó Fue Creado Para Resolver Un Problema	77

12	Tú Eres Una Recompensa Para Alguien	81
13	Lo Que Más Amas Es Una Pista Para Tu Asignación	91
14	Lo Que Odias Es Una Pista Para Algo Que Fuiste Asignado A Corregir	95
15	Lo Que Te Entristece Es Una Pista Para Algo Que Fuiste Asignado Para Sanar	101
16	Tu Asignación Es Geográfica	105
17	Tu Asignación Requerirá Temporadas De Preparación	109
18	Tu Asignación Puede Ser Malentendida Por Los Que Están Más Cercanos A Ti	115
19	Tu Asignación Siempre Tiene Un Enemigo	121
20	Tú Sólo Triunfarás Cuando Tu Asignación Se Convierta En Una Obsesión	133

Sección 3: La Semilla

21	Haz Un Inventario De Las Semillas Que Posees Actualmente	137
22	Aprende El Secreto De Darle Una Asignación Específica A Tu Semilla	145
23	Espera El Tiempo Suficiente Para Que Tu Semilla Produzca Tu Cosecha Deseada	151
24	Está Dispuest A Empezar Tu Cosecha Con Una Semilla Pequeña	159
25	Evalúa El Suelo	163
26	Siembra Consistentemente	169

27	Siembra Proporcionalmente A La Cosecha Que Deseas	177
28	Nunca Te Rebeles En Contra De Una Indicación De Un Libertador Financiero Que Dios Ha Ungido Para Desatar Tu Fe	183
29	Siembra Con La Expectación De Una Devolución	195
30	Siembra Al Momento En Obediencia Al Espíritu Santo Sin Rebelión O Negociación	219
31	El Secreto De Éxito Más Grandioso Que Dios Me Ha Enseñado Jamás	227

Todas las citas de las Escrituras fueron tomadas de la Biblia, versión Reina Valera revisión 1960, con excepción de las que indican alguna otra.
Las 3 Cosas Más Importantes En Tu Vida
ISBN 1-56394-391-3/SB-101
Copyright © 2007 por **MIKE MURDOCK**
Todos los derechos editoriales pertenecen exclusivamente a Wisdom Internacional.
Compañía Editorial/Editora: Deborah Murdock Johnson
Publicado por The Wisdom Center · 4051 Denton Hwy. · Fort Worth, TX 76117
Tel: 1-817-759-0300 ·
Te Enamorarás de Nuestro Website...! www.TheWisdomCenter.tv
Traducido y Editado por: Martha Sierra & Maritza Sierra
Impreso en los Estados Unidos de Norteamérica. Todos los derechos reservados conforme a la Ley Internacional de Copyright. Ni el contenido ni la portada pueden ser reproducidos total o parcialmente sin el expreso consentimiento escrito de la Editorial.

Sección 1

El Espíritu Santo

1
El Espíritu Santo Es Una Persona

Él No Es Viento, Fuego O Una Paloma Blanca.
Jesús sabía esto. Él nos enseñó, "Y yo rogaré al Padre, y os dará otro Consolador, para que esté con vosotros para siempre", (Juan 14:16).

Él no es un "ello".

Él es…"Él".

Como pueden ver, las descripciones, metáforas y símbolos usados en la Biblia pueden malinterpretarse y distorsionarse fácilmente.

El Espíritu Santo Es Una Persona, No Sólo Una Presencia. Él es una persona quien *tiene* una presencia, una atmósfera que emana de Él. Yo creo que la palabra "espíritu" confunde a muchos.

"¡Oh, ella tiene un *espíritu* maravilloso!" me dijo la esposa de un ministro. Ella se refería a la *actitud* de una dama.

"¡Oh, yo amo el *espíritu* en esta iglesia!" Esta clase de declaración se refiere a la atmósfera y al clima que existe en un edificio.

El Espíritu Santo no es una actitud, una atmósfera o un ambiente. Él es una Persona quien habla, piensa, planea y es increíblemente brillante y elocuente. Él es la voz del Dios trino para nosotros. Ver Juan 16:13, "…no hablará por Su propia cuenta, sino que hablará todo lo que oyere..." ¡Una presencia o una atmósfera no hablan! Una *persona* habla.

Una presencia o una atmósfera no tienen una voluntad, una mente, o un *plan*. Los pensamientos tienen presencia. Las Aves generan una presencia.

El Espíritu Santo es mucho más que una presencia. Ustedes verán, el aroma no es realmente el alimento. ¡El hedor no es el zorrillo! El ladrido no es el perro. El graznido no es el pato.

Su presencia es *evidencia* de Su Persona.

Pocas personas saben esto. Por eso es que ellos jamás discuten sus problemas con Él. La mayoría cree que Él es una nube o un viento silencioso que recibe Asignaciones ya sea para edificios o para la gente.

Jesús lo reconoció a Él como un mentor. "Él os enseñará todas las cosas", (Juan 14:26).

Él no es meramente una neblina.

Él no es meramente un viento.

Él no es meramente fuego.

Él no es meramente lluvia.

Él no es meramente una paloma blanca en un servicio de bautismos. Si Él fuera viento, Él no podría ser mentor a los hombres. Si Él fuera un ave blanca, Él no podría enseñarte. (Ver Juan 14:26.) Si Él fuera meramente fuego, Él no podría impartirnos consejo. El Espíritu Santo usa sencillamente varias descripciones de Sí Mismo para revelar Sus obras, Su naturaleza y Sus diversas cualidades.

El Espíritu Santo puede entrar a tu vida como agua—refrescándote. "Porque Yo derramaré aguas sobre el sequedal, y ríos sobre la tierra árida; Mi Espíritu derramaré sobre tu generación, y Mi bendición sobre tus renuevos; y brotarán entre hierba, como sauces junto a las riberas de las aguas", (Isaías 44:3-4).

El Espíritu Santo puede entrar a tu vida como fuego—purificándote. "Y se les aparecieron lenguas repartidas, como de fuego, asentándose sobre cada uno de ellos. Y fueron todos llenos del Espíritu Santo, y comenzaron a hablar en otras lenguas, según el Espíritu les daba que hablasen", (Hechos 2:3-4).

El Espíritu Santo puede moverse repentina y rápidamente en tu vida—como viento. "Y de repente vino del cielo un estruendo como de un viento recio que soplaba, el cual llenó toda la casa donde estaban sentados", (Hechos 2:2).

El Espíritu Santo vendrá a ti en la forma en que más lo necesites. Él puede venir como un *"Alimentador"* gentil—como una madre que alimenta a su hijo hambriento que depende de ella. Él puede moverse como un *Consejero* brillante y elocuente—cuando enfrentas una difícil toma de decisión. El puede venir como un confortante *Sanador*—cuando has sido lastimado y atormentado en la batalla.

El Espíritu Santo es una Persona. Cuando tú abrazas esto, tu experiencia cristiana cambiará dramáticamente, satisfaciendo cada parte de tu corazón y de tu vida.

Oremos…
"Padre, enséñame a caminar y aprender de Ti, mi Mentor, mi Compañero, el Espíritu Santo. Tú no eres fuego, viento o lluvia. Tú eres El Santo Quien me creó. En el nombre de Jesús. Amén".

∾ Job 33:4 ∾

"El Espíritu de Dios me hizo,
y el soplo del Omnipotente me dio vida".

2
El Espíritu Santo Te Creó

Tú Eres Su Producto Más Grandioso. Job sabía esto. "El Espíritu de Dios me hizo, y el soplo del Omnipotente me dio vida", (Job 33:4).

Tu personalidad, tu cuerpo y todo lo que respecta a ti es el diseño del Espíritu Santo. Piensa en este cuerpo increíble que funciona milagrosamente. "Te alabaré; porque formidables, maravillosas son Tus obras; estoy maravillado, y mi alma lo sabe muy bien", (Salmos 139:14).

Tu cuerpo es Su Templo. "¿O ignoráis que vuestro cuerpo es templo del Espíritu Santo, el cual está en vosotros, el cual tenéis de Dios, y que no sois vuestros"? (1 Corintios 6:19).

El Espíritu Santo participó en el diseño creativo del templo por medio de Salomón. "Asimismo el plano de todas las cosas que tenía en mente (por el Espíritu) para los atrios de la casa de Jehová, para todas las cámaras alrededor, para las tesorerías de la casa de Dios, y para las tesorerías de las cosas santificadas", (1 Crónicas 28:12).

El Espíritu Santo estuvo involucrado en la creación de la tierra en el principio. "Y la tierra estaba desordenada y vacía, y las tinieblas estaban sobre la faz del abismo, y el Espíritu de Dios se movía sobre la faz de las aguas", (Génesis 1:2).

El Espíritu Santo es Quien fue enviado para

formar nuevas creaciones en la tierra. "Envías Tu Espíritu, son creados, y renuevas la faz de la tierra", (Salmos 104:30).

Parece ser que es el Espíritu Santo Quien decide la forma misma de cada animal. "Su Espíritu adornó los cielos; Su mano creó la serpiente tortuosa", (Job 26:13).

El Espíritu Santo es el espíritu de vida dentro de ti que te mantiene viviendo y respirando cada momento. "El espíritu de Dios me hizo, y el soplo del Omnipotente me dio vida", (Job 33:4). "Así ha dicho Jehová el Señor a estos huesos: He aquí, Yo hago entrar espíritu en vosotros, y viviréis. Y pondré tendones sobre vosotros, y haré subir sobre vosotros carne, y os cubriré de piel, y pondré en vosotros espíritu, y viviréis; y sabréis que Yo soy Jehová...Y pondré Mi Espíritu en vosotros, y viviréis, y os haré reposar sobre vuestra tierra; y sabréis que Yo Jehová hablé, y lo hice, dice Jehová", (Ezequiel 37:5-6, 14).

El Espíritu Santo es también Quien te da nueva vida después de tu segundo nacimiento, la regeneración. "Nos salvó, no por obras de justicia que nosotros hubiéramos hecho, sino por Su misericordia, por el lavamiento de la regeneración y por la renovación en el Espíritu Santo", (Tito 3:5).

El Espíritu Santo es la Fuente de tu vida...cada parte de tu vida.

Espíritu Santo Es El Dador De Vida

La vida es un don precioso y de gran valor Para nosotros.

El Dador es el Espíritu Santo. "Pero el Espíritu da vida", (2 Corintios 3:6).

El Espíritu Santo impregnó a María, la madre de Jesús. "El nacimiento de Jesucristo fue así: Estando desposada María Su madre con José, antes que se juntasen, se halló que había concebido del Espíritu Santo...Y pensando él en esto, he aquí un ángel del Señor le apareció en sueños y le dijo: José, hijo de David, no temas recibir a María tu mujer, porque lo que en ella es engendrado, del Espíritu Santo es", (Mateo 1:18, 20).

Piensa en esta verdad increíble. El Espíritu Santo es Quien hizo la presentación de la entrada de Jesús, el Hijo de Dios, a la tierra.

Cualquier palabra hablada por el Espíritu Santo te traerá vida y energía. "El espíritu es el que da vida; la carne para nada aprovecha; las palabras que Yo os he hablado son espíritu y son vida", (Juan 6:63).

El Espíritu Santo es la vida de Dios morando dentro de ti. "El Espíritu de verdad, al cual el mundo no puede recibir, porque no le ve, ni le conoce; pero vosotros le conocéis, porque mora con vosotros, y estará en vosotros", (Juan 14:17).

El Espíritu de vida es uno de los títulos del Espíritu Santo. "Porque la ley del Espíritu de vida en Cristo Jesús me ha librado de la ley del pecado y de la muerte", (Romanos 8:2).

El Espíritu Santo soplará aliento de vida en cada persona que haya muerto en Cristo, a la venida de Cristo. "Y si el Espíritu de aquel que levantó de los muertos a Jesús mora en vosotros, el que levantó de los muertos a Cristo Jesús vivificará también vuestros cuerpos mortales por Su Espíritu que mora en vosotros", (Romanos 8:11).

El Espíritu Santo considera tu cuerpo como Su

morada. "¿No sabéis que sois templo de Dios, y que el Espíritu de Dios mora en vosotros?", (1 Corintios 3:16). El Espíritu Santo es El Instructor que te ayuda para que guardes y protejas todas las cosas buenas que Dios te ha dado. "Guarda, mediante el Espíritu Santo que habita en nosotros, el tesoro que te ha sido encomendado", (2 Timoteo 1:14 LBLA).

El Espíritu Santo proporciona la tenacidad, fortaleza y determinación para aquellos que se vuelven dependientes y adictos a Su presencia.

Mientras dictaba estas precisas palabras, sucedió algo glorioso y precioso. Uno de mis asociados entró con buenas noticias al Cuarto de Sabiduría aquí en mi casa, mientras yo dictaba este capítulo. Una de las ovejas de mi madre acababa de parir una hermosa ovejita negra...con una estrella blanca en la frente. Tuve que detener mi dictado, salir corriendo al patio donde estaban reunidos todos los animales alrededor de la ovejita recién nacida. Era algo precioso. Rodeando a la madre y a la ovejita había muchos otros animales que tengo aquí en mi casa—varias llamas que se apretujaban tratando de olfatear a la recién nacida. Eleazar, mi enorme camello, quería tomar parte. Smokey, mi burro miniatura, también estaba tratando de olerla. Mi antílope estaba viendo a cierta distancia...pero parecía que todo el patio de animales estaba sintiendo la gloria de la vida misma—¡*la vida!* ¡*La sientes en el aire!*

Pensé que esto era maravilloso. Que mientras te escribía acerca del Dador de toda la vida, aquí mismo, a unos cuantos metros de mí, algo que Él creó...un *primogénito*...acababa de nacer.

Piénsalo por un momento. ¡Mira alrededor de ti a

los animales increíbles—antílopes, llamas, ovejas, cabras, camellos y asómbrate con la imaginación increíble del Espíritu Santo y las muchas formas en que *Él ve métodos para generar vida y crear vida!*

Yo admiro los árboles, y veo los hermosos pavos reales con plumaje blanco y azul turquesa aquí en mi casa. *El Espíritu Santo pensó en ellos.*

Él los creó.

Cuando veo mi acuario, veo hermosos peces multicolores que nadan suavemente en el agua. Ellos fueron creados para el agua. Él pensó en esto. ¡Qué Glorioso!

El Espíritu Santo es el Dador de toda la vida. Los árboles están hermosos hoy. Están brotando nuevas plantas. Las flores empiezan a florecer. El Espíritu Santo ha pensado en millones de formas de traer vida a la tierra.

Tú fuiste idea Suya.

Tú *no* estás solo.

Tú tienes un *destino.*

Tú estás en Su mente todo el tiempo.

Tú eres el enfoque de todo lo que el Espíritu Santo hará el día de hoy.

"¿Pues qué, si viereis al Hijo del Hombre subir adonde estaba primero? El espíritu es el que da vida; la carne para nada aprovecha; las palabras que Yo os he hablado son espíritu y son vida", (Juan 6:62-63).

Oremos:

"Precioso Espíritu Santo, Te doy gracias desde lo profundo de mi corazón por traerme a Tu mundo.

Yo quiero estar aquí. Me gusta estar aquí. Me encanta saborear lo que Tú has creado. Me encanta contemplar, observar y examinar la belleza que Tú has imaginado y traído a la existencia. Gracias te doy por los hermosos animales, los árboles, y las aves que me rodean. Te doy gracias por mi ovejita negra que nació hace apenas unos cuantos segundos. Gracias desde lo profundo de mi corazón por permitirme disfrutar de Tu mundo. Muéstrame cómo complacerte para corresponderte. Tú me hiciste para la grandeza. Tú me hiciste para que te brinde placer a Ti. Acércame a Ti, Espíritu Santo. Acércame a Ti hoy. En el nombre de Jesús. Amén".

3
EL ESPÍRITU SANTO ES EL AUTOR DE LA PALABRA DE DIOS

Tu Biblia Es Su Regalo Para Ti.
El Espíritu Santo inspiró en los hombres las Sagradas Escrituras. "Porque nunca la profecía fue traída por voluntad humana, sino que los santos hombres de Dios hablaron siendo inspirados por el Espíritu Santo", (2 Pedro 1:21).

Cuando citas la Biblia estás citando al Espíritu Santo. Él es elocuente, brillante y es el autor de las Palabras de Dios para nosotros el día de hoy.

Él inspiró a los santos hombres de Dios a escribir la Biblia bajo el liderazgo del Espíritu Santo. "Toda la Escritura es inspirada por Dios, y útil para enseñar, para redargüir, para corregir, para instruir en justicia a fin de que el hombre de Dios sea perfecto", (2 Timoteo 3:16-17).

¡Oh, piensa en esta Biblia gloriosa e increíble que llevamos a dondequiera cada día! El Espíritu Santo habló cada palabra por medio de 40 personas sensibles a Él, en un período de 1,600 años.

- ▶ Él quiso soplar Su *vida* en ti.
- ▶ Él quiso que Su *energía* fuera derramada a través de ti.
- ▶ Él quiso depositar Su *Sabiduría* en tu corazón.

El Espíritu Santo te dio La Palabra De Dios como tu arma especial: la Espada del Espíritu. "Y tomad el yelmo de la salvación, y la espada del Espíritu, que es la palabra de Dios", (Efesios 6:17). Es el arma del Espíritu Santo—el arma que Él usa contra satanás. Sus Palabras son Sus armas demoledoras que destruyen las cosas de satanás.

Jesús usó el arma de La Palabra: la Espada del Espíritu. Cuando satanás lo tentó, Jesús simplemente le respondió diciendo: "Escrito está: No sólo de pan vivirá el hombre, sino de toda palabra de Dios", (Lucas 4:4).

El Espíritu Santo lo llevó al lugar donde Él sería tentado. Entonces, le dio el armamento (La Palabra de Dios) para usarla contra satanás. Satanás fue derrotado, y los ángeles llegaron para ministrar a Cristo.

Así Que, El Espíritu Santo siempre anticipa tu guerra espiritual. Él entiende tu batalla. A Él le importa. Tu victoria está en Su mente todo el tiempo. Él en verdad no te ha dejado sin consuelo. Él ha puesto Su arma en tu *mano,* en tu *boca,* en tu *vida.*

Atesora hoy Sus palabras. La Palabra de Dios es el arma que satanás no puede resistir.

Tu Biblia contiene 66 libros. Esos 66 libros contienen 1189 capítulos. Alguien ha calculado que tú podrías leer tu Biblia completa en 56 horas.

Cinco Consejos Útiles Para Leer Tu Biblia

1. Establece Un Hábito Diario. Cuando leas tres capítulos al día (y cinco el domingo), habrás leído la Biblia en doce meses. Cuando leas nueve capítulos del Nuevo Testamento al día, terminarás de leer el Nuevo Testamento en 30 días. Cuando leas 40 capítulos al día, ¡habrás leído la Biblia entera una vez al mes en tu vida!

2. Léela Todos Los Días En El Mismo

Lugar. Ese debería ser tu Lugar Secreto, donde hablas con el Espíritu Santo. Ese debería ser un lugar privado y confidencial, alejado del paso de todo mundo. Los lugares son importantes. *Donde Estás Determina Lo Que Crece En Ti.*

3.   **Léela Todos Los Días A La Misma Hora.** El hábito es poderoso. Los hábitos son más poderosos que los deseos. El hábito es un don de Dios. Eso simplemente significa que cualquier cosa que haces dos veces se convierte en algo más fácil. Deja de pensar en la palabra "hábito" como una mala palabra. ¡Es una palabra maravillosa! Esa es la forma más fácil en que Dios te ayuda a triunfar.

4.   **Hazte Un Experto Apasionado Sobre Un Tema De La Biblia.** Enfócate y conviértete en un conocedor del centro de tu especialidad. Por ejemplo, si quieres estudiar sobre la fe, marca cada Escritura relacionada con la fe en tu Biblia personal. Después, crea un calendario personal de 365 escrituras sobre el tema de la fe. (Si decides enfocarte en hacerte en un experto en Escrituras sobre el Espíritu Santo—busca 365 Escrituras que te ayuden a entender al Espíritu Santo. Haz de ello un legado para tu familia y enséñales una Escritura al día en el tiempo de memorización.)

5.   **Habla Porciones De Las Escrituras En Cada Conversación.** Ya sea que estés en el teléfono o en una transacción de negocios, usa las palabras del Espíritu Santo para contestarle a alguien. La Biblia se convierte entonces en la base de datos de tu opinión personal.

La Palabra de Dios es una herramienta en la mano del Espíritu Santo para nutrirte y proveerte de todo lo que necesitas para triunfar en la tierra. "Toda la Escritura es inspirada por Dios, y útil para enseñar, para redargüir, para corregir, para instruir en justicia, a fin de que el hombre de Dios sea perfecto, enteramente preparado para toda buena obra", (2 Timoteo 3:16-17).

A medida que desarrolles una conciencia de la opinión del Espíritu Santo (la Biblia), tu mundo entero cambiará.

4
El Espíritu Santo Es Tu Única Fuente De Gozo Verdadero Paz Y Amor

El Espíritu Santo Es La Fuente De Gozo. El éxito verdadero es la presencia de gozo.

Su presencia trae gozo. "En Tu presencia hay plenitud de gozo; delicias a Tu diestra para siempre", (Salmos 16:11).

El fruto del Espíritu es gozo. "Mas el fruto del Espíritu es amor, GOZO, paz, paciencia, benignidad, bondad, fe, mansedumbre, templanza; contra tales cosas no hay ley", (Gálatas 5:22-23).

Su Sabiduría aumenta tu gozo. "Bienaventurado el hombre que halla la Sabiduría, y que obtiene la inteligencia", (Proverbios 3:13).

¡El Espíritu Santo es el Espíritu de Sabiduría! "Y reposará sobre él el Espíritu de Jehová; Espíritu de Sabiduría y de inteligencia, Espíritu de consejo y de poder, Espíritu de conocimiento y de temor de Jehová", (Isaías 11:2).

El gozo verdadero es muy diferente al entusiasmo y a la energía. Muchas veces puedes tener la experiencia de terminar un gran proyecto o una tarea y sentir entusiasmo. Desgraciadamente, esto sólo dura unos cuantos minutos y después nuestro enfoque cambia y se centra en otro problema por conquistar. Entonces, tu entusiasmo llamado "gozo", está basado por lo general en las circunstancias y logros en tu vida. Nada es más triste que observar a alguien que ha edificado toda su vida alrededor de los logros humanos buscando así alcanzar el gozo.

Algunos buscan el dinero pensando que éste producirá gozo. Sin embargo, las personas más ricas del mundo parecen, en ocasiones, ser las más desdichadas en muchos aspectos. Es bien sabido que personas famosas cometieron suicidio, aun cuando tenían millones en sus cuentas bancarias.

Algunos dependen de sus seres amados para crear una atmósfera de felicidad. El esposo culpa a su esposa por su infelicidad. La esposa culpa a su esposo por su infelicidad. Los hijos culpan a sus padres y a sus reglas estrictas por su pérdida personal de gozo y entusiasmo. Los desempleados culpan a la economía por su falta de gozo.

5 Ideas Equivocadas Que La Gente Se Forma Respecto Al Gozo

La mayoría de las personas piensan que su gozo viene de 1) las personas, 2) promociones, 3) progreso, 4) poder o 5) posesiones. La persona sabia descubre la verdad. El Espíritu Santo crea el gozo dentro de ti en todo momento en que Él es complacido.

▶ Cuando tú *lo complaces a Él por medio de la obediencia total, tú sentirás lo que Él está sintiendo.*

▶ *Cuando tú lo afliges a Él y le traes tristeza, tú sentirás lo que Él está sintiendo.*

El Apóstol Pablo nos dio una fotografía increíble: "Porque el reino de Dios no es comida ni bebida: sino justicia, paz, y gozo en el Espíritu Santo", (Romanos 14:17).

El Espíritu Santo te dará gozo en medio de las pruebas más difíciles y más feroces. Los apóstoles descubrieron esto. Después de ser azotados, ellos mantuvieron el gozo. "Y llamando a los apóstoles, después de haberlos azotado, les intimaron que no hablasen en el nombre de Jesús, y los pusieron en libertad. Y ellos salieron de la presencia del concilio, gozosos de haber sido tenidos por dignos de padecer afrenta por causa del Nombre", (Hechos 5:40-41).

El gozo del Espíritu Santo te capacita para continuar cumpliendo con tu Asignación aun en medio de amenazas. "Y todos los días, en el templo y por las casas, no cesaban de enseñar y predicar a Jesucristo", (Hechos 5:42).

Cuando el Espíritu Santo controla tu vida, tus palabras se convertirán en catalizadores para bendición. "El hombre se alegra con la respuesta de su boca; y la palabra a su tiempo, ¡cuán buena es!" (Proverbios 15:23).

El Espíritu Santo es tu única Fuente de gozo verdadero en la tierra.

Paz es la ausencia de conflicto interno.

Las batallas internas son devastadoras. Algunas veces, nuestra conciencia está en guerra contra cosas que hemos hecho. Nuestro enfoque en las cosas influye grandemente en nuestras emociones. Si yo analizo, evalúo, y pienso continuamente acerca de las injusticias que me han hecho, mi corazón se convertirá en un caos. Mi mente se fragmentará. ¡Mi actitud se volverá crítica!

El Espíritu Santo resuelve esta confusión interior.

El Fruto del Espíritu Santo es paz. "Mas el fruto del Espíritu es amor, gozo, PAZ, paciencia, benignidad, bondad, fe, Mansedumbre, templanza; contra tales cosas no hay ley", (Gálatas 5:22-23).

Ustedes verán, *Su presencia trae paz.* Cuando tú

obedeces Sus instrucciones, una calma invadirá tu espíritu. La guerra espiritual más grande en tu vida es la del Espíritu Santo en contra de tu carne y de tu propio yo. "Porque el deseo de la carne es contra el Espíritu, y el del Espíritu es contra la carne; y éstos se oponen entre sí, para que no hagáis lo que quisiereis", (Gálatas 5:17).

Cuando tú permites el liderazgo del Espíritu Santo en tu vida, tú entrarás en la temporada más notable e inolvidable de calma y paz interior que puedas imaginarte.

- ▶ El hombre no puede dar esta paz.
- ▶ La popularidad no crea esta clase de paz.
- ▶ La riqueza no puede producir esta paz.
- ▶ Los psiquiatras no pueden producir esta clase de paz.
- ▶ Una esposa o esposo amoroso no produce esta clase de paz.

La paz fuera de lo común es un regalo de un Dios fuera de lo común. "Y la paz de Dios, que sobrepasa todo entendimiento, guardará vuestros corazones y vuestros pensamientos en Cristo Jesús", (Filipenses 4:7).

Cuando tu enfoque está en el Espíritu Santo, se desarrolla en ti la mente de Cristo. "Porque el ocuparse de la carne es muerte, pero el ocuparse del Espíritu es vida y paz", (Romanos 8:6).

Cuando el Espíritu Santo se convierte en tu enfoque, la tormenta en tu mente empieza a calmarse. Tú entras al reposo que Él prometió. "Este es el reposo; dad reposo al cansado; y este es el refrigerio", (Isaías 28:12).

El Espíritu Santo debe convertirse en tu enfoque antes de que puedas experimentar una paz total y permanente. "Tú guardarás en completa paz a aquel cuyo pensamiento en Ti persevera; porque en Ti ha confiado", (Isaías 26:3).

3 Formas En Que El Espíritu Santo Influye En Tus Relaciones

1. El Espíritu Santo Te Dará Discernimiento En Relación Con Tus Amistades. Algunos son contenciosos. Sus palabras de crítica crean un ambiente de conflicto, enojo y cinismo. "A éstos evita", (2 Timoteo 3:5). Señala a las personas que tienen un espíritu de debate y de disensión. Cuando el Espíritu Santo tiene el liderazgo, tú discernirás rápidamente a tales personas. "Pero desecha las cuestiones necias e insensatas, sabiendo que engendran contiendas", (2 Timoteo 2:23).

2. El Espíritu Santo Aumenta Tu Paciencia Hacia Los Demás. Esto siempre trae paz cuando interactúas con aquellos a quienes amas. "Porque el siervo del Señor no debe ser contencioso, sino amable para con todos, apto para enseñar, sufrido", (2 Timoteo 2:24). Desgraciadamente la mayoría de nosotros culpamos a los que nos rodean por el clima de contienda. Sin embargo, la pelea requiere de dos personas o más. Si tú te rehúsas a pelear, la guerra no puede continuar. "El carbón para brasas, y la leña para el fuego; y el hombre rencilloso para encender contienda. Las palabras del chismoso son como bocados suaves, Y penetran hasta las entrañas", (Proverbios 26:20-21).

3. El Espíritu Santo Te Dará El Valor Y La Fortaleza Para Alejarte De La Compañía De Personas Necias. Esto aumenta tu paz. "Vete de delante del hombre necio, porque en él no hallarás labios de ciencia", (Proverbios 14:7).

Una noche después de una campaña, yo estaba

excepcionalmente feliz. Muchos habían venido a Cristo. Un buen número de personas habían sido sanadas. Todo estaba tan en paz. Cuando varios de nosotros llegamos al restaurante, uno de los colaboradores de la iglesia local empezó a quejarse con la mesera. Había una manchita o algo en su vaso. En unos cuantos momentos, todos estaban contando sus experiencias de "cucarachas en su comida" y otras experiencias desafortunadas y desagradables en diferentes restaurantes durante su vida. En menos de treinta minutos pasamos de un glorioso mover del Espíritu Santo, al pesimismo y al desánimo.

Vino a través de una persona.

Tú eres una Puerta o un Muro. Tú puedes convertirte en un Muro contra el desaliento, el cinismo y el pesimismo. O puedes ser una Puerta para que otros entren a través de ella y continúen en la presencia de Dios. Algunas veces, es maravilloso ser una Puerta para que la presencia de Dios pueda entrar por ella. (Pero a veces es necesario convertirte en un Muro contra las cosas que son impías, injustas y que traen infelicidad.)

3 Formas En Que El Espíritu Santo Usa La Palabra De Dios En Tu Vida

1. La Palabra De Dios Es El Instrumento De Paz Que El Espíritu Santo Usa. "Mucha paz tienen los que aman Tu ley, y no hay para ellos tropiezo", (Salmos 119:165.)

2. Cuando La Palabra De Dios Es Sembrada Continuamente En Tu Corazón, Ésta Produce Una Cosecha De Paz. "Tú guardarás en completa paz a aquel cuyo pensamiento en Ti persevera; porque en Ti ha confiado", (Isaías 26:3). "¡Cuán hermosos son los pies de los que anuncian la paz, de los que anuncian buenas nuevas!" (Romanos 10:15).

3. Tú Tienes Que Abrazar La Palabra De Dios Como El Instrumento Más Efectivo Para El Cambio. "Toda la Escritura es inspirada por Dios, y útil para enseñar, para redargüir, para corregir, para instruir en justicia, a fin de que el hombre de Dios sea perfecto, enteramente preparado para toda buena obra", (2 Timoteo 3:16-17).

Cuando alguien se me acerca con gran perturbación y caos emocional, yo sé que la Palabra de Dios no está predominando sus vidas. Ellos hablan de sus batallas, en lugar de hablar de Aquel que está peleando en su favor.

5 Síntomas De Que Alguien No Tiene Conciencia De La Palabra

1. Ellos Hablan De Su Guerra Espiritual, En Lugar De Hablar De Su Promesa De Victoria.

2. Ellos Hablan De Sus Dudas, En Lugar De Hablar De Su Fe En Dios.

3. Su Enfoque Está En El Enemigo, En Lugar De Estar En Su Consolador.

4. Si La Palabra De Dios Dominara Su Mente, Dominaría Su Boca.

5. Si La Palabra De Dios Estuviera Dominando Su Mente, Esta Influiría En Su Conducta Y En Su Comportamiento.

- ▶ El Espíritu Santo *inspiró las Escrituras*.
- ▶ El Espíritu Santo afecta tus *palabras*.
- ▶ El Espíritu Santo *usa la Palabra de Dios* para traer paz a tu corazón. No la deseches. No la trates a la ligera.

4 Consejos Para Crear Un Clima De Paz

1. Reconoce Que El Conflicto Es La Trampa De La Distracción. Satanás usa el conflicto para romper tu enfoque en tu Asignación. ¿Te has preguntado alguna vez, después de discutir con alguien, por qué es que se enfocaron en algo tan trivial? No tenía sentido. Ningún sentido. Algunos han perdido una amistad o un matrimonio de veinte años, debido a algo que dijeron un día. Eso es demoníaco. Eso es satánico. Ni siquiera es lógico. El propósito era romper tu enfoque en cosas que son importantes.

Es por ello que el Apóstol Pablo escribió a la iglesia de Filipos: "Y la paz de Dios, que sobrepasa todo entendimiento, guardará vuestros corazones y vuestros pensamientos en Cristo Jesús...todo lo que es verdadero...honesto...puro...amable...de buen nombre... en esto pensad", (Filipenses 4:7-8).

2. Tú Determinas Tu Propio Enfoque. Nadie más puede hacerlo. Tú puedes quejarte. Tú puedes culpar a otros. Pero, tú eres responsable de aquello a lo que le das tu atención. *Tu enfoque está creando tus sentimientos.* Lo que sea que estés sintiendo es producido por tu enfoque.

▶ Tu enfoque es tu decisión personal.
▶ Detente, tómate tiempo para cambiar tu enfoque.

3. Paga Cualquier Precio Para Proteger Tu Enfoque En Las Cosas Correctas. "Si tu mano te fuere ocasión de caer, córtala; mejor te es entrar en la vida manco, que teniendo dos manos ir al infierno, al fuego que no puede ser apagado...Y si tu ojo te fuere ocasión de caer, sácalo; mejor te es entrar en el reino de Dios con un ojo, que teniendo dos ojos ser echado al infierno", (Marcos 9:43, 47).

"Tú guardarás en perfecta paz a aquel cuyo

pensamiento en Ti persevera; porque en Ti ha confiado", (Isaías 26:3). "Pero ahora en Cristo Jesús, vosotros que en otro tiempo estabais lejos, habéis sido hechos cercanos por la sangre de Cristo. Porque Él es nuestra paz, que de ambos pueblos hizo uno, derribando la pared intermedia de separación, aboliendo en su carne las enemistades, la ley de los mandamientos expresados en ordenanzas, para crear en Sí Mismo de los dos un solo y nuevo hombre, haciendo la paz, y mediante la cruz reconciliar con Dios a ambos en un solo cuerpo, matando en ella las enemistades. Y vino y anunció las buenas nuevas de paz a vosotros que estabais lejos, y a los que estaban cerca", (Efesios 2:13-17).

"Estas cosas os he hablado para que en Mí tengáis paz. En el mundo tendréis aflicción; pero confiad, Yo he vencido al mundo", (Juan 16:33).

4. El Espíritu Santo Es Tu Verdadera Fuente De Amor. El Amor Es La Fuerza Más Poderosa Sobre La Tierra. El Espíritu Santo Es La Fuente De La Fuerza Más Grande Sobre La Tierra—El Amor. "…porque el amor de Dios ha sido derramado en nuestros corazones por el Espíritu Santo que nos fue dado", (Romanos 5:5).

15 Hechos Acerca Del Amor Del Espíritu Santo

1. El Fruto Del Espíritu Santo Es Amor. "Mas el fruto del Espíritu es amor", (Gálatas 5:22). Es el Espíritu Santo Quien pone un amor inexplicable en el corazón de una madre hacia su hijo; en el corazón de un esposo hacia su esposa; en el corazón de un pastor hacia su gente.

2. La Evidencia Del Amor Es El Deseo De Dar. "Porque de tal manera amó Dios al mundo, que ha dado a su Hijo unigénito, para que todo aquel que en Él cree, no se pierda, mas tenga vida eterna", (Juan 3:16). Dios *dio*. Eso *probó* Su amor.

   3. **El Espíritu Santo Capacitó A Jesús Para Amar.** Él oró: "Padre, perdónalos, porque no saben lo que hacen", (Lucas 23:34).

   4. **El Espíritu Santo Capacitó A Esteban Para Amar A Aquellos Que Lo Apedrearon.** "Y puesto de rodillas, clamó a gran voz: Señor, no les tomes en cuenta este pecado", (Hechos 7:60).

   Sólo el Espíritu Santo pudo plantar esta clase de amor dentro de un corazón humano. Habría sido normal elevar una oración para que cayera fuego del cielo sobre aquellos que lo apedreaban. Este es una obra extraordinaria de gracia en el corazón humano. Lo normal sería tratar de desquitarse. Es humano defenderse. Es fuera de lo común y es divino el perdonar. Este es verdadero amor.

   5. **El Amor De Cristo Prepara A Los Misioneros A Pelear Batallas Emocionales, Dificultades Financieras Y Enfrentar Barreras Culturales En Su Ministerio Hacia Los Impíos.** He vivido con misioneros. Algunos han renunciado a las comodidades y a los lujos de su hogar para vaciar sus vidas en un pequeño poblado. ¿Por qué? el amor de Cristo ha sido derramado en sus corazones por el Espíritu Santo para amar a gente difícil de amar.

   6. **Muchas Esposas Han Engendrado La Salvación De Su Esposo Debido Al Amor De Cristo Que Ha Sido Derramado En Su Corazón Por El Espíritu Santo.** Sus esposos vinieron al conocimiento de Cristo debido a su conducta y conversación. Ellas jamás dejaron de amar a su esposo.

   7. **Miles De Adolescentes Rebeldes Han Regresado A Su Hogar Atraídos Como Por Un Imán A Unos Padres Amorosos, Debido Al Amor**

Del Espíritu Santo. Ciertamente, los padres se han sentido descorazonados y desmoralizados. El enojo es común entre los padres desilusionados. Pero, el Espíritu Santo puede hacer lo imposible—impartir un amor fuera de lo común a un adolescente rebelde y obstinado.

    8.   **Dios Envía Su Amor Hacia Ti Aún En La Peor Época De Tu Vida.** "Mas Dios muestra Su amor para con nosotros, en que siendo aún pecadores, Cristo murió por nosotros", (Romanos 5:8).

    9.   **El Amor Busca.** "Porque el Hijo del Hombre vino a buscar y a salvar lo que se había perdido", (Lucas 19:10). (Ver también Juan 3:16 e Isaías 1:18.)

    10.   **El Amor Protege.** "...porque Yo soy Jehová tu Dios, fuerte, celoso", (Éxodo 20:5).

    11.   **El Amor Provee.** "...porque Yo soy Jehová tu sanador", (Éxodo 15:26). Esta es una canción que yo le escribí al Espíritu Santo hace algún tiempo:

Palabras De Amor

    Haz que todas mis palabras sean—Tus palabras de amor.

    Haz que todas mis palabras sean—Tus palabras de amor.

    Para eso me hiciste, Santo Espíritu,

    Para derramar Tu aceite sanador.

    Haz que todas mis palabras sean—Tus palabras de amor.

    12.   **El Amor Del Espíritu Santo No Manipula Al Otro.**

    13.   **El Amor Del Espíritu Santo No Es Determinado Por La Conducta Y El Comportamiento Del Otro.**

    14.   **El Amor Nunca Dejará De Ser.** "El amor nunca deja de ser; pero las profecías se acabarán, y cesarán las lenguas, y la ciencia acabará. Porque en

parte conocemos, y en parte profetizamos; mas cuando venga lo perfecto, entonces lo que es en parte se acabará…Y ahora permanecen la fe, la esperanza y el amor, estos tres; pero el mayor de ellos es el amor", (1 Corintios 13:8-10, 13).

15. El Amor Del Espíritu Santo Dispersa El Miedo. "En el amor no hay temor, sino que el perfecto amor echa fuera el temor; porque el temor lleva en sí castigo. De donde el que teme, no ha sido perfeccionado en el amor", (1 Juan 4:18).

Oremos:
"Padre, gracias por Tu promesa de paz. El mundo está en batalla. Cada día es una guerra emocional. Todo lo que me rodea parece diseñado para romper mi enfoque y crear distracción. Pero Tu Palabra es una lámpara a mis pies y una luz en mi camino. Por cuanto yo amo Tu Palabra, mi paz es grande. Espíritu Santo, Tú eres la Fuente verdadera de paz. Tú eres el Espíritu de paz y nosotros te abrazamos hoy. Tus palabras son importantes para mí. Gracias por la Palabra de Dios, el Instrumento de Paz, que Tú me has dado. Ella echa fuera las tinieblas y me trae a un lugar de reposo. En el nombre de Jesús. Amén".

5
EL ESPÍRITU SANTO SE CONTRISTA CON LA CONVERSACIÓN Y LA CONDUCTA EQUIVOCADA

El Espíritu Santo Es Santo.
Las palabras son importantes para Él. La conversación es importante para Él. Tu conducta y tu comportamiento son monitoreados continuamente.

17 Hechos Que Todo Cristiano Debería Saber Acerca De Contristar Al Espíritu Santo

1. El Espíritu Santo Se Contrista Y Se Ofende Fácilmente. Es por ello que el Apóstol Pablo escribió esta notable advertencia. "Ninguna palabra corrompida salga de vuestra boca, sino la que sea buena para la necesaria edificación, a fin de dar gracia a los oyentes. *Y no contristéis al Espíritu Santo de Dios,* con el cual fuisteis sellados para el día de la redención. Quítense de vosotros toda amargura, enojo, ira, gritería y maledicencia, y toda malicia. Antes sed benignos unos con otros, misericordiosos, perdonándoos unos a otros, como Dios también os perdonó a vosotros en Cristo", (Efesios 4:29-32).

2. El Espíritu Santo Retirará Su Presencia Manifiesta Cuando Él Haya Sido Contristado Y

Ofendido. "Andaré y volveré a Mi lugar, hasta que reconozcan su pecado y busquen Mi rostro", (Oseas 5:15).

    3. Tú Debes Permitir Que El Espíritu Santo Te Corrija Cuando Lo Has Ofendido. Cualquiera que sean las palabras que *lastimen* la *influencia de alguien que no está presente,* son *palabras desleales.* La deslealtad es impía. Es muy importante que le permitas al Espíritu Santo que te corrija y te prevenga de decir cualquier cosa que pudiera contristarlo. Su presencia debe ser valorada, Su presencia trae gozo, paz y serenidad de espíritu. Tú no puedes permitirte estar un solo día sin Su presencia.

    4. El Espíritu Santo Es La Razón Por La Que Debes Evitar Conversaciones Acusatorias Y Poco Halagadoras Acerca De Otros. El amor de Dios ha sido mal entendido. Su misericordia ha sido tomada como un hecho por millones de personas.

    "¡Ah, bien! Dios conoce mi corazón", se rió una dama cuando su pastor le preguntó por qué no había ido a la iglesia durante meses. Ella había estado tomando vacaciones, pasando su tiempo en el lago los domingos. Sin embargo, ella se había acostumbrado a ignorar la voz interior del Espíritu Santo, su conciencia se había cauterizado y adormecido.

    5. Es Un Momento Peligroso Cuando Se Piensa Que El Acceso A Dios Es Fácil Y Permanente. ¡Oh, atesora hoy Su presencia! Su presencia te mantiene suave hacia Él. Su presencia te mantiene hambriento y sediento. Cuando no buscas Su presencia, el peligro de volverte calloso y endurecido es muy real. Un ministro me dijo una vez: "Jamás pensé que pudiera alejarme tanto así de Dios". Al mirarlo, me sentí conmocionado. Aquí estaba sentado un hombre que muchos años antes había predicado con fuego en el alma, el amor se derramaba a través de su corazón.

Pero, él había ofendido al Espíritu Santo. Una y otra vez. Ahora, el Espíritu Santo se había apartado de él. Aún más, había perdido su hambre y su sed por la presencia de Dios.

Cuando te sientes atribulado en tu espíritu, dale gracias a Dios por esa tribulación. Millones de personas lo han ignorado por tanto tiempo que el fuego del deseo por Su presencia se ha apagado. Sólo quedan cenizas.

6. Hay Tiempos Provistos Por El Espíritu Santo Para Que Te Arrepientas. Jesús lloró sobre Jerusalén. "¡Jerusalén, Jerusalén, que matas a los profetas, y apedreas a los que te son enviados! ¡Cuántas veces quise juntar a tus hijos, como la gallina junta sus polluelos debajo de las alas, y no quisiste!" (Mateo 23:37).

7. La Presencia Del Espíritu Santo En El Ayer No Garantiza La Presencia De Dios En El Mañana. Mira lo que le sucedió a Saúl: Él había conocido la unción. Dios lo había elegido a él. Dios había tocado su vida. El profeta de Dios lo ungió. Sin embargo, "El Espíritu de Jehová se apartó de Saúl, y le atormentaba un espíritu malo de parte de Jehová", (1 Samuel 16:14).

Él murió la muerte de un necio.

8. Los Grandes Hombres Tienen Pavor Del Horror De La Ausencia Del Espíritu Santo.

El salmista conocía los terribles momentos cuando parecía que el Espíritu Santo se había apartado de él. David había estado con Saúl. Él vio a los espíritus malos salir cuando él tocaba el arpa. Él vio llegar el toque de Dios sobre Saúl...*y lo vio irse.* Él clamó a gran voz después de su terrible pecado con Betsabé, "No me eches de delante de Ti, y no quites de mí Tu Santo Espíritu", (Salmos 51:11). Ahora los nuevos teólogos se ríen de la confesión y de la búsqueda de David. Miles de ministros dicen que David estaba equivocado, que el Espíritu Santo no podía apartarse de él. (No te engañes a ti mismo. David había observado y tenido delante de sus ojos el deterioro evidente de Saúl.)

9. Todo Ministro Experimentado Ha Encontrado A Alguien Que Ya No Experimenta Más El Acercamiento Del Espíritu Santo. Si has pasado mucho tiempo con la gente como ministro del evangelio, tú vas a ver a muchos de quienes aparentemente se ha apartado el Espíritu Santo. No, Él no se aleja fácil o rápidamente. Él es clemente. Él es paciente.

Pero, el rechazo constante a Su acercamiento tiene resultados devastadores.

10. Una Sensación Interior De Vacío Ocurre Después De Que Has Contristado Al Espíritu Santo. El Cantar de los Cantares de Salomón contiene una de las fotografías más tristes del amor rechazado y perdido. "Abrí yo a mi amado; pero mi amado se había ido, había ya pasado; y tras su hablar salió mi alma. Lo busqué, y no lo hallé; lo llamé, y no me respondió", (Cantares 5:6).

11. Rechazar Al Espíritu Santo Siempre Produce Desolación. "He aquí vuestra casa os es dejada desierta", (Mateo 23:38).

12. El Rechazo Al Espíritu Santo Puede Ser Fatal. Jesús lo dijo muy claramente. "Acordaos de la mujer de Lot", (Lucas 17:32). Los ángeles se habían aparecido en persona para escoltar a Lot y a su familia del peligro a la seguridad. Pero, ella lo tomó a la ligera. Sus instrucciones no fueron importantes para ella. Ella se rebeló e hizo lo que quiso. Ella se convirtió en una estatua de sal.

13. Satanás A Veces Le Miente A Alguien

Acerca Del Alejamiento Del Espíritu Santo. Él hace que ellos sientan que es inútil orar, que es en vano tratar de alcanzar, y sin esperanza creer en un cambio. Satanás con frecuencia le dice a la gente que ellos han cometido "el pecado imperdonable" cuando la verdad es precisamente lo opuesto.

La mayoría de ellos nunca han leído estas terribles palabras en Oseas 5:15: "Andaré y volveré a Mi lugar, hasta que reconozcan su pecado y busquen Mi rostro".

14. Es Posible Ser Restaurado Después De Haber Ofendido Al Espíritu Santo. Yo elevo mi voz con Oseas ahora mismo: "Venid y volvamos a Jehová; porque Él arrebató, y nos curará; hirió, y nos vendará. Nos dará vida después de dos días; en el tercer día nos resucitará, y viviremos delante de Él. Y conoceremos, y proseguiremos en conocer a Jehová; como el alba está dispuesta su salida, y vendrá a nosotros como la lluvia, como la lluvia tardía y temprana a la tierra", (Oseas 6:1-3).

15. Si Tienes Un Anhelo Profundo Por Dios, Entonces El Espíritu Santo Sigue Trabajando En Ti. ¡Así es como sabes si no has cometido aún el pecado imperdonable! El Padre es Quien te atrae. Si todavía tienes dentro de tu corazón un deseo sincero de conocer a Dios y un apetito de buscarlo a Él, todavía no has cometido el pecado imperdonable. Ustedes verán, sólo Dios puede atraerte hacia Él. Entonces, si Él te está atrayendo, no es demasiado tarde.

Todavía tienes una oportunidad para tener una *experiencia* milagrosa con Él.

16. Atesora Hoy El Acercamiento Hacia El Espíritu Santo Como Un Regalo De Tu Padre Celestial. "Ninguno puede venir a Mí, si el Padre que me envió no le trajere; y Yo le resucitaré en el día postrero. Escrito está en los profetas: Y serán todos enseñados por Dios. Así que, todo aquel que oyó al Padre, y aprendió de Él, viene a Mí", (Juan 6:44-45).

17. La Conversación Puede Contristar Al Espíritu Santo. "Ninguna palabra corrompida salga de vuestra boca, sino la que sea buena para la necesaria edificación, a fin de dar gracia a los oyentes. Y *no contristéis al Espíritu Santo de Dios,* con el cual fuisteis sellados para el día de la redención", (Efesios 4:29-30).

Nunca olvidaré una conversación en Washington, D.C. Yo bajé de mi cuarto de hotel lleno de gozo y de entusiasmo. Yo había estado orando en el Espíritu a lo largo del día. Yo no podía recordar horas o días más felices en mi vida. Cuando me senté a comer, se mencionó el nombre de alguien. Yo estaba platicando con dos miembros de mi equipo de trabajo. Cuando surgió este nombre, yo hice un comentario: "me cae bien ese joven, pero es más bien algo perezoso". La conversación continuó. Y después de casi una hora, me regresé a mi cuarto del hotel. Pero, algo estaba mal. ¡Algo había cambiado desde que bajé a cenar! Conforme empecé a levantar mis manos y a cantar al Espíritu Santo, una nube de pesadez se posó en mi corazón. Algo estaba *fuera de orden.* Así que, no sabiendo qué estaba mal, yo simplemente empecé a cantar más fuerte y a volverme más agresivo en mi adoración.

Sin embargo, la pesadez en mi espíritu permaneció. Repentinamente, el Espíritu Santo habló a mi corazón: "¿Por qué les dijiste que este joven era perezoso?".

Yo me detuve. Después repliqué casi desafiante al Espíritu Santo—"¡Bien, pues porque él *es* perezoso!".

"Me has ofendido a Mí", el Espíritu Santo habló a mi corazón.

Yo pensé por un momento. Después repliqué:

"Bien, de todos modos él no me oyó. ¡Él está como a 1,700 kilómetros de distancia!"

"Yo te oí, y *tú me ofendiste a Mí*". Yo intenté otro acercamiento. "Bien Señor, es verdad que él es flojo, ¡y yo estaría dispuesto a decírselo en su cara!".

Repentinamente, el Espíritu Santo me detuvo con un entendimiento poderoso. Él dirigió mi mente a Filipenses 4:8 donde Él nos dio los criterios y las guías para la conversación apropiada "todo lo que es…"

- ▶ Verdadero
- ▶ Honesto
- ▶ Justo
- ▶ Puro
- ▶ Amable
- ▶ De buen nombre
- ▶ De virtud alguna
- ▶ Digno de alabanza

Cuando Él empezó a tratar con mi vida, mi corazón empezó a quebrantarse. Yo me di cuenta de que había hablado en una forma destructiva acerca de alguien *que era precioso para el Espíritu Santo.*

Los pensamientos que no califican para *meditar en ellos,* no califican para hacerlos tema de *conversación.* Si no califica para mi *mente,* no califica para mi *boca.* Imagínate a una madre mostrándote una fotografía de su bebé. ¿Puedes imaginarle su reacción hacia ti si empezaras a mofarte y a burlarte del bebé? ¡Ay! ¡Qué niño tan feo! ¡Desprecio a ese niño! Esa madre se alejaría de ti instantáneamente.

Sin embargo, eso ocurre en tu propia vida a diario. El momento en que tú empiezas a discutir las debilidades de *aquellos que no están presentes*—el Espíritu Santo se *aleja.*

Unas semanas más tarde, uno de los miembros de mi equipo de trabajo se me acercó. Yo le pregunté sobre cuál sería el propósito de nuestra cita. Ella estaba molesta con otro miembro del equipo de colaboradores.

"Entonces, llamémosla para que escuche tu acusación en contra de ella" y extendí mi mano hacia el teléfono. "Yo contristaría muy seriamente al Espíritu Santo si discutiera los defectos de alguien que no está presente, de alguien que no puede defenderse a sí mismo".

"¡No se preocupe entonces!" "¡Yo no quiero que ella escuche lo que yo tengo que decir! Simplemente olvidemos el asunto".

Imagínense si cada iglesia o congregación se enfocara durante doce meses en promover conversaciones alentadoras acerca cada uno de los demás. Imagínense cómo sería su hogar si cada persona sólo hablara bien de los demás.

Como podemos ver, hemos sido enseñados a decir cosas buenas acerca de las personas *porque*—"*ellos podrían darse cuenta de ello*". ¡Oh, mi querido amigo! Esa no es la única razón por la cual tú debes evitar las conversaciones equivocadas. Otros nos advierten: "el que lleva, trae". Esa, tampoco, es la razón por la cual debes evitar palabras destructivas acerca de otros.

6

EL ESPÍRITU SANTO INTERCEDE POR TI CONTINUAMENTE

Alguien Está Orando Por Ti En Este Momento.

18 Hechos Que Todo Creyente Debe Saber Acerca De La Intercesión

1. El Espíritu Santo Está En La Tierra Intercediendo Por Ti Delante Del Padre. "Mas el que escudriña los corazones sabe cuál es la intención del Espíritu, porque conforme a la voluntad de Dios intercede por los santos", (Romanos 8:27).

Quizá puedas sentirte solo. Puedes estar sintiéndote aislado y aún tener pensamientos atormentadores de que nadie se interesa realmente en ti. Pero, ocurre lo opuesto. El Espíritu Santo habla continuamente al Padre acerca de tus necesidades y deseos.

Mientras tú estás *dormido*...Él ora por ti.

Mientras tú *trabajas*...Él ora por ti.

Cuando tú sientes *dudas*...Él ora por ti.

2. Jesús Está En El Cielo Orando También Por Ti. "Cristo es el que murió; más aun, el que también resucitó, el que además está a la diestra de Dios, el que también intercede por nosotros", (Romanos 8:34).

3. Tú Eres En Verdad La Niña De Los Ojos Del Padre. "Porque la porción de Jehová es Su pueblo; Jacob la heredad que le tocó. Le halló en tierra de desierto, y en yermo de horrible soledad; lo trajo alrededor, lo instruyó, lo guardó como a la niña de Su ojo", (Deuteronomio 32:9-10).

4. El Padre Se Ha Comprometido Personalmente A Protegerte. "Como el águila que excita su nidada, revolotea sobre sus pollos, extiende sus alas, los toma, los lleva sobre sus plumas, Jehová solo le guió, y con Él no hubo dios extraño", (Isaías 32:11-12).

5. Tu Padre Quiere Que Tú Experimentes Un Éxito Y Una Provisión Fuera De Lo Común. "Lo hizo subir sobre las alturas de la tierra, y comió los frutos del campo, e hizo que chupase miel de la peña, y aceite del duro pedernal, Mantequilla de vacas y leche de ovejas, con grosura de corderos, y carneros de Basán; también machos cabríos, Con lo mejor del trigo; y de la sangre de la uva bebiste vino", (Deuteronomio 32:13-14).

6. Tú No Puedes Siquiera Imaginar La Magnitud De La Grandeza De Los Deseos De Dios Para Ti. Esta es la razón por lo que a menudo nuestras oraciones son ineficaces, incompletas y se quedan sin ser respondidas, "Cosas que ojo no vio, ni oído oyó, ni han subido en corazón de hombre, son las que Dios ha preparado para los que le aman", (1 Corintios 2:9).

7. El Espíritu Santo Ha Escudriñado, Ha Fotografiado, Ha Inventariado Y Ha Documentado Los Deseos De Dios Para Tu Vida. "Pero Dios nos las reveló a nosotros por el Espíritu; porque el Espíritu todo lo escudriña, aun lo profundo de Dios", (1 Corintios 2:10).

8. El Espíritu Santo Es La Única Persona En El Universo Que Conoce El Corazón Del Padre. "Porque ¿quién de los hombres sabe las cosas del hombre, sino el espíritu del hombre que está en él?

Así tampoco nadie conoció las cosas de Dios, sino el Espíritu de Dios", (1 Corintios 2:11).

9. El Espíritu Santo Nos Fue Dado Para Revelarnos Los Deseos Del Padre Para Nosotros. "Y nosotros no hemos recibido el espíritu del mundo, sino el Espíritu que proviene de Dios, para que sepamos lo que Dios nos ha concedido", (1 Corintios 2:12).

10. Tu Hombre Natural (La Vida Del Yo) Rechaza Continuamente Las Cosas Del Espíritu Santo. "Pero el hombre natural no percibe las cosas que son del Espíritu de Dios, porque para él son locura, y no las puede entender, porque se han de discernir espiritualmente", (1 Corintios 2:14).

11. Los Humanos Simple Y Sencillamente No Saben Cómo Orar Eficazmente De Una Forma Que Complazca Al Corazón De Dios. "pues qué hemos de pedir como conviene", (Romanos 8:26).

12. El Espíritu Santo Es Nuestro Fiel Intercesor Personal De Cada Día. "Y de igual manera el Espíritu nos ayuda en nuestra debilidad...pero el Espíritu mismo intercede por nosotros con gemidos indecibles", (Romanos 8:26).

13. El Espíritu Santo Está En Total Acuerdo Con Los Deseos Y La Voluntad Del Padre Para Ti. "Mas el que escudriña los corazones sabe cuál es la intención del Espíritu, porque conforme a la voluntad de Dios intercede por los santos", (Romanos 8:27).

14. El Espíritu Santo Está Apasionado Acerca De Que Tus Deseos Y Necesidades Puedan Ser Cumplidos. "...pero el Espíritu mismo intercede por nosotros con gemidos indecibles", (Romanos 8:26).

15. El Espíritu Santo Mueve A Otros A Interceder También Por Ti. Él hizo esto en el corazón de Samuel por el pueblo de Dios. "Así que, lejos sea de mí que peque yo contra Jehová cesando de rogar por vosotros; antes os instruiré en el camino bueno y recto", (1 Samuel 12:23). El apóstol Pablo experimentó este mismo tipo de estímulo para interceder de parte del Espíritu Santo. Timoteo, su protegido, recibió esta palabra de su mentor: "Doy gracias a Dios, al cual sirvo desde mis mayores con limpia conciencia, de que sin cesar me acuerdo de ti en mis oraciones noche y día", (1 Timoteo 1:3).

16. Tú Nunca Estás Solo En Las Tormentas De Tu Vida. Jamás. Jesús lo prometió: "Y Yo rogaré al Padre, y os dará otro Consolador, para que esté con vosotros para siempre", (Juan 14:16).

Tu *éxito* no está limitado a tus *esfuerzos únicamente.*

Tu *futuro no* está controlado *únicamente por tu conocimiento personal por sí mismo.*

Tus *victorias no* dependen *únicamente* de tus habilidades personales nada más.

17. El Espíritu Santo Y Jesús Son Tus Intercesores Personales En Medio De Toda Prueba Y En Cada Situación Difícil En Tu Vida. Es por ello que el Apóstol Pablo podía gritar con gozo y dar gracias en medio de las experiencias más difíciles, frías y húmedas en el calabozo de aquella prisión: "¿Quién nos separará del amor de Cristo? ¿Tribulación, o angustia, o persecución, o hambre, o desnudez, o peligro, o espada?...Antes, en todas estas cosas somos más que vencedores por medio de Aquel que nos amó. Por lo cual estoy seguro de que ni la muerte, ni la vida, ni ángeles, ni principados, ni potestades, ni lo presente, ni lo por venir, ni lo alto, ni lo profundo, ninguna otra cosa creada nos podrá separar del amor de Dios, que es en Cristo Jesús Señor nuestro", (Romanos 8:35, 37-39).

18. Tu Supervivencia Está Garantizada Porque Alguien Está Intercediendo Por Ti. "Por lo cual Él también es poderoso para salvar para siempre a los que por medio de Él se acercan a Dios, puesto que vive perpetuamente para interceder por ellos", (Hebreos 7:25 LBLA).

Oremos:
"Precioso Padre Dios, gracias por escuchar mis oraciones hoy. Tú siempre respondes al clamor de mi corazón. Gracias sobre todas las cosas por oír las intercesiones de mi precioso Consolador, el Espíritu Santo, cada día de mi vida. Gracias por recibir las oraciones de Jesús, Quien murió por mí. Hoy, confiadamente descanso en paz y gozo cada momento porque Tú vas a responder a las oraciones de aquéllos que están intercediendo por mí. Padre, también estoy muy agradecido que Tú estás moviendo a otros hombres y mujeres de Dios para invocar mi nombre delante de Tu trono. Tú me estás impartiendo fe y has prometido victoria total. Yo la acepto, en el nombre de Jesús. Amén".

≈ Salmos 100:2 ≈

"...venid ante Él con cánticos de júbilo".

7

AL ESPÍRITU SANTO LE GUSTA CANTAR

Cantar Es Muy Importante Para El Espíritu Santo.

17 Hechos Que Todo Cristiano Debería Saber Acerca De Cantarle Al Espíritu Santo

1. **Dios Canta También Sobre Ti.** "Jehová está en medio de ti, poderoso, Él salvará; se gozará sobre ti con alegría, callará de amor, se regocijará sobre ti con cánticos", (Sofonías 3:17).

    Muchas personas no pueden imaginarse a nuestro Dios cantando. Pero, ¡Él lo hace! Yo puedo ver esto con toda claridad en mi corazón. El Espíritu Santo es como una madre reclinada sobre la cama de su pequeño hijo y que canta: "¡Duerme, pequeño hijo mío! Duerme, precioso amor de Mi vida. Yo guardaré por ti y te protegeré, hasta el amanecer de un nuevo día".

2. **El Espíritu Santo Quiere Que Cantes Cuando Entras A Su Presencia.** "Venid ante Él con cánticos de júbilo", (Salmos 100:2 LBLA).

    ¡Los sonidos son maravillosos para el Espíritu Santo! ¡Escucha las aves cantar maravilladas el día de hoy! Escucha los sonidos de los animales, el viento soplar a través de las hojas de los árboles y aún los maravillosos sonidos del amor de los miembros de tu familia que están cerca de ti. El canto es una parte esencial de este mundo. ¡Es por ello que el Espíritu Santo quiere que tú estés consciente del deseo ferviente de Su corazón por oírte cantarle a Él!

    3. **Enfoca Tu Canto Hacia El Espíritu Santo En Vez De Cantarle A La Gente.** Yo he escrito en mi vida más de 5,000 canciones. Sin embargo, las canciones que más me fascina cantar son las Canciones de Amor al Espíritu Santo. "Canciones del Lugar Secreto". En mi corazón han nacido cientos de canciones desde que me enamoré del Espíritu Santo el 13 de Julio de 1994.

    4. **Canta Desde Tu Corazón, No Con Tu Mente.** Él no necesita palabras muy adornadas, o una filosofía fuera de lo común o sonidos hermosos. Él sencillamente desea que tú abras tu corazón y dejes que los "sonidos del amor" fluyan de ti. (Ver 1 Corintios 13).

    5. **Canta En Tu Lenguaje De Oración También.** El Apóstol Pablo entendía el increíble poder del canto. "Cantaré con el Espíritu, pero cantaré también con el entendimiento", (1 Corintios 14:15).

    6. **Cantar Es Un Arma Que Dios Ha Usado Para Dar Nacimiento A Eventos Fuera De Lo Común.** "Pero a medianoche, orando Pablo y Silas, cantaban himnos a Dios", (Hechos 16:25).

    7. **El Espíritu Santo Quiere Que Tú Cantes Junto Con Otros Santos.** "Hablando entre vosotros con salmos, con himnos y cánticos espirituales, cantando y alabando al Señor en vuestros corazones", (Efesios 5:19).

    8. **Cuando Tú Cantas Al Espíritu Santo, Los Espíritus Malos Huirán.** El Rey Saúl descubrió esto bajo el ministerio musical ungido de David. De hecho, la música de David *refrescaba* a Saúl. "Y cuando el espíritu malo de parte de Dios venía sobre Saúl, David tomaba el arpa y tocaba con su mano; y Saúl tenía alivio y estaba mejor, y el espíritu malo se apartaba de él", (1 Samuel 16:23).

9. Los Cantores Eran Una Parte Esencial De Las Batallas En El Antiguo Testamento. Escucha la conducta de Josafat. "Y habido consejo con el pueblo, puso algunos que cantasen y alabasen a Jehová, vestidos de ornamentos sagrados, mientras salía la gente armada, y que dijesen: Glorificad a Jehová, porque Su misericordia es para siempre", (2 Crónicas 20:21).

10. Los Cantantes Eran Con Frecuencia La Razón De Las Victorias Sobre Los Enemigos De Dios. "Y cuando comenzaron a entonar cantos de alabanza, Jehová puso contra los hijos de Amón, de Moab y del monte de Seir, las emboscadas de ellos mismos que venían contra Judá, y se mataron los unos a los otros", (2 Crónicas 20:22).

11. Tu Canto Es Un Arma. Lee nuevamente la historia increíble de Pablo y Silas en la prisión. Todo estaba en contra de ellos. Ellos habían sido azotados. Ellos estaban solos y bajo un dolor increíble. Pero, ellos entendían el *Arma Del Canto.* "Pero a medianoche, orando Pablo y Silas, cantaban himnos a Dios; y los presos los oían. Entonces sobrevino de repente un gran terremoto, de tal manera que los cimientos de la cárcel se sacudían; y al instante se abrieron todas las puertas, y las cadenas de todos se soltaron", (Hechos 16:25-26). Los cimientos fueron destruidos...*cuando ellos comenzaron a cantar.*

12. El Canto Puede Hacer Que Tu Enemigo Se Desmoralice, Se Desanime Y Decida Alejarse De Ti. Pablo vio que esto sucedió cuando él y Silas cantaron en la prisión. "Y despertando el carcelero, y viendo abiertas las puertas de la cárcel, sacó la espada y se iba a matar, pensando que los presos habían huido", (Hechos 16:27).

13. Tu Canto Puede Ser El Momento De

Decisión En La Salvación De Alguien. Sucedió para el carcelero cuando Pablo y Silas Cantaron. "Él entonces, pidiendo luz, se precipitó adentro, y temblando, se postró a los pies de Pablo y de Silas; y sacándolos, les dijo: Señores, ¿qué debo hacer para ser salvo?" (Hechos 16:29-30).

14. Moisés, El Gran Líder, Entendió El Corazón De Dios Acerca Del Canto. Después que Israel vio al ejército de Faraón destruido, ellos cantaron. "Entonces cantó Moisés y los hijos de Israel este cántico a Jehová, y dijeron: cantaré yo a Jehová, porque se ha magnificado grandemente; ha echado en el mar al caballo y al jinete", (Éxodo 15:1).

15. Débora, La Gran Profetisa, Entendió Cómo Expresar Agradecimiento A Dios Por Medio Del Canto. Después de la derrota de Sísara y Jabín, ella honró al Señor: "Aquel día cantó Débora con Barac hijo de Abinoam, diciendo: por haberse puesto al frente los caudillos en Israel, por haberse ofrecido voluntariamente el pueblo, load a Jehová. Oíd, reyes; escuchad, oh príncipes; yo cantaré a Jehová, cantaré salmos a Jehová, el Dios de Israel", (Jueces 5:1-3).

16. Los Grandes Ministerios De Sanidad Enfatizan El Canto. Algunas veces he permanecido sentado durante dos o tres horas antes de que empezaran los milagros y las sanidades. Los cantos que honraban al Espíritu Santo y a la grandeza de Dios parecían desatar la fe en la atmósfera. Él siempre viene cuando es celebrado y honrado. Si observamos, Él nos instruyo cómo debemos de acercarnos a Él—Venid ante Él con cánticos de júbilo. (Ver Salmos 100:2.)

17. Tu Canto Es Un Acto De Obediencia Al Espíritu Santo. "Servid al SEÑOR con alegría; venid ante Él con cánticos de júbilo", (Salmos 100:2 LBLA).

Es por ello que yo coloqué 24 bocinas en los árboles

de mi propiedad de 2.8 hectáreas. No puedo explicarles cuán maravilloso es caminar por mi jardín escuchando estos cantos al Espíritu Santo. También he instalado bocinas estereofónicas en todos los cuartos de mi casa, que reproducen continuamente canciones al Espíritu Santo. Las palabras no pueden describir el efecto que esto tiene en tu corazón y en tu mente. De hecho, recientemente, cuando algunos de mis CD's (discos compactos) se dañaron, ¡parecía que la muerte había reemplazado a la vida en mi casa! *El Espíritu Santo viene cuando lo celebramos.*

Invierte en un equipo estereofónico de excelente calidad y haz que la música sea una parte importante de cada día. Vale la pena cada centavo de tu inversión. Tu *mente* va a responder. Tu *corazón* hallará fuego nuevo. Tu *cuerpo* recibirá un oleaje de energía y vitalidad. Lo mejor de todo: el Espíritu Santo manifestará Su presencia.

4 Cosas Maravillosas Que Ocurren Cuando Cantas

- ▶ Tu canto al Espíritu Santo *creará una atmósfera de acción de gracias.*
- ▶ Tu canto *influirá grandemente en tu enfoque.*
- ▶ Tu canto disipará cualquier influencia demoníaca que haya sido enviada para distraerte.
- ▶ Tu canto levantará la energía y la pasión en tu propio cuerpo para enfocarte en tu Creador.

El canto puede cambiarlo todo alrededor de tu vida. Todo. Así que, empieza en este mismo momento. Cierra este libro y empieza a cantar *en voz alta* al Espíritu Santo. Tus palabras pueden ser sencillas, pero

se volverán poderosas:
"¡Te amo, Espíritu Santo!
¡Te amo, Espíritu Santo!
¡Te amo, Espíritu Santo!
¡Tú eres bueno, muy bueno conmigo!".

Así que, tú y yo podemos aprender de los campeones. Aquellos que han conquistado en la batalla han discernido el poder oculto y misterioso del canto. ¡Tú tienes que hacerlo en tu propia vida hoy! "Diciendo: anunciaré a mis hermanos Tu nombre, en medio de la congregación te alabaré", (Hebreos 2:12).

Oremos:

"Padre, gracias por revelar el Arma Del Canto a mi vida. Yo cantaré...cuando las cosas vayan mal o bien. Yo cantaré *sin importar cuáles sean las circunstancias. ¡Yo cantaré con el propósito de honrarte y de obedecerte a Ti!* ¡Yo cantaré *cantos de remembranza,* porque yo recuerdo cada bendición que Tú me has dado a través de los años! ¡Yo cantaré *continuamente,* sabiendo que mientras yo canto, los ángeles vienen a ministrarme! Yo cantaré con *victoria,* sabiendo que los espíritus demoníacos se confunden y se atemorizan cuando oyen mis palabras. ¡Yo cantaré, sabiendo que mi boca es mi *Libertador!* ¡Yo enseñaré a *mis hijos* a cantarte a Ti! ¡Yo tocaré cantos en mi casa, en mi carro y en mi trabajo continuamente...para honrar Tu presencia! *¡Gracias por cantarme, por cantar sobre mi vida!* En el nombre de Jesús. Amén".

8
El Espíritu Santo Te Puede Proveer Con Un Lenguaje De Oración Que Nadie Entiende Sino Dios

Tu Lenguaje De Oración Es Muy Importante.
Mientras millones de personas no han entendido esta experiencia maravillosa y gloriosa, muchos miles están disfrutando este fenómeno increíble—"orando en el lenguaje celestial". Realmente, es muy sencillo. No es tan confuso como puede parecer al principio.

9 Hechos Que Debes Saber Acerca De Las Lenguas Y De Tu Vida De Oración

1. El Creador Es Un Comunicador. Él incluso proveyó de sonidos a los animales para comunicarse entre ellos mismos. Los animales más salvajes de la tierra se comunican entre ellos.

2. Relacionar Es La Meta Y El Enfoque Del Espíritu Santo. Él proveyó a cada nacionalidad un lenguaje propio. Los españoles tienen su lenguaje. Los franceses tienen su lenguaje. Los alemanes tienen su lenguaje. Los ingleses tienen su lenguaje. El Espíritu Santo tiene un lenguaje y aun los animales se envían señales entre ellos continuamente.

3. Aquel Que Da Los Lenguajes En La Tierra, Simple Y Sencillamente Tiene El Suyo

Propio. La mayoría de nosotros lo llamamos El Lenguaje Celestial. "Porque el que habla en lenguas no habla a los hombres, sino a Dios; pues nadie le entiende", (1 Corintios 14:2).

4. Hay Muchas Cualidades De Este Lenguaje Celestial Que Son Variadas, Gratificantes Y Que Aplican A Diferentes Situaciones. Por ejemplo, cuando el Espíritu Santo vino en el día de Pentecostés, ¡Él les dio un lenguaje que era desconocido únicamente para aquellos que lo hablaban! ¡Otros *alrededor de ellos* entendían! El Espíritu Santo estaba proveyendo simplemente la oportunidad para que el evangelio fuera escuchado en *otros idiomas*. "Se juntó la multitud; y estaban confusos, porque cada uno les oía hablar en su propia lengua. Y estaban atónitos y maravillados, diciendo: Mirad, ¿no son galileos todos estos que hablan? ¿Cómo, pues, les oímos nosotros hablar cada uno en nuestra lengua en la que hemos nacido?" (Hechos 2:6-8).

Sin embargo, Pedro y los otros que estaban hablando "en lenguas", no entendían lo que estaba saliendo de sus labios. Este *no* era propiamente el lenguaje celestial sino más bien, era el Espíritu Santo utilizando otros lenguajes o idiomas para confirmar Su presencia entre ellos.

5. El Espíritu Santo Usa Con Frecuencia Formas Variadas Para Usar Las "Lenguas Desconocidas" Para Impresionar A Los No Creyentes Acerca De Un Dios Sobrenatural. "Así que, las lenguas son por señal, no a los creyentes, sino a los incrédulos", (1 Corintios 14:22).

6. El Espíritu Santo Es Meticuloso Y Ordenado Sobre Cómo Y Cuándo Se Usan Las Lenguas. Algunas veces, cuando es seguido por una interpretación, las lenguas se usan para bendecir a toda la iglesia, de manera que el pueblo pueda ser edificado y bendecido. "Por lo cual, el que habla en lengua extraña, pida en oración poder interpretarla", (1 Corintios 14:13).

7. El Espíritu Santo Se Deleita Cuando Tú Entras A Un Tiempo Privado De Intercesión "En Lenguas" A Favor De Otros. "Y de igual manera el Espíritu nos ayuda en nuestra debilidad; pues qué hemos de pedir como conviene, no lo sabemos, pero el Espíritu mismo intercede por nosotros con gemidos indecibles. Mas el que escudriña los corazones sabe cuál es la intención del Espíritu, porque conforme a la voluntad de Dios intercede por los santos", (Romanos 8:26-27).

8. Cuando Oras "En Lenguas" Te Edificas A Ti Mismo, Incrementas Y Edificas Tu Fe Personal Y Tu Confianza En Dios. Ocurre algo sobrenatural. Es indescriptible, inexplicable, e innegable. "Pero vosotros, amados edificándoos sobre vuestra santísima fe, orando en el Espíritu Santo, conservaos en el amor de Dios, esperando la misericordia de nuestro Señor Jesucristo para vida eterna", (Judas 1:20-21). Esto es esencial para los vencedores. Tú sabes, *tus victorias dependen de tu fe*. Fe es confianza en Dios. "Pero sin fe es imposible agradar a Dios; porque es necesario que el que se acerca a Dios crea que le hay, y que es galardonador de los que le buscan", (Hebreos 11:6 LBLA).

9. Es Importante Que Mantengas Tu Lenguaje De Oración Vivo Y Vibrante. "Doy gracias a Dios que hablo en lenguas más que todos vosotros", (1 Corintios 14:18).

He tenido experiencias inolvidables con mi lenguaje de oración. Yo experimenté el bautismo del Espíritu Santo y "el hablar en lenguas" a la edad de diez años. Mi segundo encuentro importante fue como a los quince años en Beaumont, Texas.

Yo siempre he orado en el Espíritu Santo. Pero, nunca había entendido la práctica de "interpretar al inglés, mi propio idioma, lo que el Espíritu Santo había hablado al Padre a través de mí".

Uno de mis amados mentores, Oral Roberts me trajo un entendimiento especial sobre esto.

Yo estaba en una conferencia enorme en el Centro Mabee en Tulsa, Oklahoma. Un día, después del servicio, Oral Roberts caminó hacia mí y me pidió que fuera con él a una de sus oficinas. Allí, él empezó a contarme los secretos que había detrás de las extraordinarias bendiciones de Dios en su ministerio y su trabajo.

"Las dos claves para todo lo que yo he logrado para Dios ha sido: 1) la Semilla-de-Fe y 2) orar en el Espíritu", explicó.

"Mike, Dios te ha mostrado más acerca del principio de la Semilla de Fe a ti, que a cualquier otro hombre que jamás haya conocido en mi vida, pero quisiera hablarte acerca de *orar en el Espíritu y de la interpretación de lenguas*".

Bien, esto me parecía a mí un poco extraño. Pero, yo sabía que la mano de Dios estaba muy fuerte en su vida. Él ha sido un extraordinario mentor en mi vida a quien valoro y celebro. Lo escuché. *Las Experiencias Fuera De Lo Común Crean Hombres Fuera De Lo Común.*

Él me explicó que después de orar en el Espíritu (en lenguas), si yo le pidiera al Espíritu Santo y estuviera dispuesto a confiar en Él, Él me proporcionaría la interpretación a mi propio idioma, el inglés. (Así, yo podría planear y preparar mi vida de acuerdo a lo que el Espíritu Santo estuvo orando por medio de mí.)

"Pero...", protesté. "¿Qué tal si sale de mi boca algo medio loco, ilógico y ridículo?". "Confía en el Espíritu Santo", me dijo gentilmente.

La siguiente mañana, me levanté a las 5:30, mi hora de oración. Yo tenía una cita con un corredor de bienes raíces para comprar un edificio de oficinas en Tulsa, Oklahoma. Alguien me iba a llevar en su automóvil para asistir a esa cita. Mi gerente ya había seleccionado varias casas que se iban a comprar para mi equipo de trabajo. Al empezar a orar en el Espíritu, repentinamente empecé a orar en inglés. Repentina e inesperadamente brotó de mi boca: *"Este día no saldrá como tú lo has planeado. Pero, no temas—es Mi Voluntad"*.

Me sentí extraño, un poco raro, pero consciente de que me estaba moviendo a un plano diferente al normal.

A las 9:00 apareció el amigo que me iba a llevar en su automóvil. En sólo 30 minutos ocurrieron cosas inesperadas. Se hicieron afirmaciones y sucedieron cosas que estaban más allá de mi control. La compra del edificio se canceló. La paz de Dios llegó a mi interior para que permaneciera en Dallas en lugar de mudarme a Tulsa. Fue algo impactante. Sin embargo, al repasar mentalmente mi hora de oración a las 5:30 de esa mañana, el Espíritu Santo me había dicho en inglés que el día "no sería como yo lo había planeado".

Pablo entendía esto.

"¿Qué, pues? Oraré con el espíritu, pero oraré también con el entendimiento; cantaré con el espíritu, pero cantaré también con el entendimiento", (1 Corintios 14:15).

Es importante para ti el mantener tu lenguaje de oración vivo y vibrante. "Doy gracias a Dios que hablo en lenguas más que todos vosotros", (1 Corintios 14:18).

Yo tuve otros dos encuentros fuera de lo común en mi lenguaje de oración en mi Lugar Secreto en casa. Mientras oraba fervientemente en lenguas, repentinamente brotaron de mi boca estas palabras en inglés:

"¡Expón a las personas fraudulentas que hay en mi vida! ¡Santo Espíritu, expón a las personas fraudulentas que hay en mi vida!"

Casi no podía creer lo que estaba saliendo de mi boca. ¿Personas fraudulentas? Yo no conocía ningunas personas fraudulentas alrededor de mi vida. Yo confiaba explícitamente en todos los que estaban cercanos a mí. Yo siempre he considerado que tengo un gran discernimiento y que "puedo pescar cualquier cosa que esté mal". Pero el Espíritu Santo sabía algo que yo no sabía. *Él conoce los corazones de las personas, años antes que tú.*

Yo había confiado el manejo de mis finanzas personales a un amigo de muchos años. Yo confiaba en este amigo más que en cualquier otra persona en esta tierra. Sin embargo, en sólo siete días descubrí que este amigo había hecho cheques por miles de dólares sin mi autorización y sin mi permiso. Fue algo horrible, inquietante y descorazonador. Pero el Espíritu Santo me había ayudado preparando mi corazón. Él estaba hablando al Padre *en representación mía.* Cuando interpreté en inglés lo que Él estaba orando por medio de mí (en lenguas), se convirtió en punto de referencia espiritual en mi memoria.

Desde entonces, he confiado en el Espíritu Santo para que ore cualquier cosa que Él desee...sabiendo que *Él quiere sólo lo que es bueno para mí.* "No quitará el bien a los que andan en integridad", (Salmos 84:11).

Unos cuantos días después ocurrió otro evento

fuera de lo común. Mientras oraba en el Espíritu, repentinamente brotaron de mis labios estas palabras:

"*¡Purga mi ministerio!* ¡Espíritu Santo, por favor purga mi ministerio!".

¿Purga mi ministerio? No tenía idea qué era lo que el Espíritu Santo estaba tratando de comunicarle al Padre. Pero, confié en Él. Dentro de algo así como siete días, alguien en quien yo realmente confiaba en mi ministerio fue sorprendido en un pecado triste, terrible y trágico. Había estado sucediendo periódicamente por algún tiempo. Yo estaba muy enfocado en mi ministerio para darme cuenta de su conducta errática. Pero el Espíritu Santo me protegió. Él estaba orando por medio de mí al Padre que cualquier cosa que no fuera conforme a Él, fuera arrancada de nuestro trabajo para Dios.

Millones de personas jamás han explorado este poder sobrenatural. Sin embargo, aquellos que se están moviendo hacia una vida de adicción total al Espíritu Santo están por dar a luz los eventos más fuera de lo común de toda su vida.

- ▶ Tú no has estado *en todas partes*...y sin embargo todas partes *continúan existiendo* sin que tú lo sepas.
- ▶ Tú no conoces a *todos*...sin embargo millones continúan viviendo cada día *sin tu conocimiento*.
- ▶ Tú no conoces *cada* operación del Espíritu Santo...sin embargo, millones están saboreando los eventos sobrenaturales y fuera de lo común en su comunicación con Él...independientemente de que tú llegues o no a descubrir alguna vez al Espíritu Santo.

9 Llaves Útiles Para Desarrollar Tu Lenguaje De Oración

1. **Reconoce Que Tú No Sabes Todo O No Sabes Cómo Orar En Forma Efectiva Por Medio De Tu Propia Lógica O De Tu Propia Mente.**
2. **Admite Que Muchas Veces No Sabes Realmente Por Qué Orar, Así Que Es Importante Permitirle Al Espíritu Santo Que Ore A Través De Ti.**
3. **Reconoce Al Espíritu Santo Como Tu Intercesor Terrenal Y A Jesús Como Intercesor Celestial.** Permíteles trabajar en tu vida.
4. **Confía En El Espíritu Santo.** Él no te fallará ni te llevará al error. Recuerda: Él Es El Espíritu de verdad. (Ver Juan 16:13.)
5. **Pide Un Lenguaje De Oración.** "Pero no tenéis lo que deseáis, porque no pedís", (Santiago 4:2). Cualquier cosa que pidas en Su nombre, la recibirás de acuerdo a Su voluntad.
6. **Disponte A Crecer En La Experiencia.** Puede ser que no suceda inmediatamente o de la noche a la mañana. Paso a paso, línea sobre línea, así puedes empezar a edificar tu relación con el Espíritu Santo.
7. **Pídele Al Espíritu Santo Que Te Acerque Hacia Él.** Mi padre me dijo que esta es la oración más grande y más importante que alguien pueda hacer en toda su vida. Cuando tú llegas a Su presencia, vas a cambiar. Tú contemplarás y verás verdades que jamás habías visto en tu vida.
8. **Reconoce Y Valora A Cualquier Mentor Que Él Traiga A Tu Vida Para Proporcionarte Mayor Revelación Acerca De Él.**
9. **Camina A La Luz Que Actualmente Tienes Y Más Te Será Provista.**

Oremos:
"Precioso Espíritu Santo, Tú nos diste lenguajes a toda la tierra para comunicarnos, conectarnos y fortalecer las relaciones. Los animales tienen *sonidos*. Los humanos tenemos palabras. Santo Espíritu, Tú tienes un *lenguaje especial de oración* para mi. Enséñame, paso a paso, cómo entrar en la vida sobrenatural de oración. Tú eres mi Intercesor en la tierra. Yo celebro y valoro cada momento en Tu presencia. Yo estoy dispuesto a ser *cambiado*. Yo estoy dispuesto a hacer nuevos descubrimientos. Por favor ayúdame a vencer cualquier enseñanza equivocada que yo haya recibido en mi niñez, cualquier prejuicio que haya llegado a mí por medio de enseñanzas falsas. Yo te buscaré a Ti porque Tú eres la Verdad, el Espíritu de verdad. En el nombre de Jesús. Amén".

≈ 1 Juan 2:27 ≈

"Pero la unción que vosotros recibisteis de Él permanece en vosotros".

9
El Espíritu Santo Es La Fuente De Unción Para Tu Vida

La Unción Es El Poder De Dios.
La unción *remueve* las cargas. *Destruye* yugos que los enemigos han puesto sobre de ti. La unción detiene cualquier avance de tu enemigo *inmediatamente*.

Yo he escuchado a muchos ministros definir la unción como "el poder de Dios que remueve la carga y destruye todo yugo". Yo pienso que lo explica maravillosamente. "Acontecerá en aquel tiempo que su carga será quitada de tu hombro, y su yugo de tu cerviz, y el yugo se pudrirá a causa de la unción", (Isaías 10:27).

17 Hechos Que Tú Debes Saber Acerca De La Unción

1. La Unción Del Espíritu Santo Sobre Jesús Lo Habilitó Para Sanar A Los Enfermos Y Echar Fuera Demonios. "Cómo Dios ungió con el Espíritu Santo y con poder a Jesús de Nazaret, y cómo éste anduvo haciendo bienes y sanando a todos los oprimidos por el diablo, porque Dios estaba con Él", (Hechos 10:38).

2. La Unción Crea Temor En El Corazón De Los Espíritus Demoníacos. Ellos están sujetos a esa unción, el poder de Dios. Cuando la unción empieza a fluir y a ser liberada por medio de ti, cualquier plan que satanás haya fabricado de inmediato es saboteado y destruido. Satanás no te teme a ti, sino a la *Unción* que fluye por medio de ti. Esa Unción es la fragancia del Espíritu Santo dentro de ti. "Cuando llegó a la otra orilla, a la tierra de los gadarenos, vinieron a su encuentro dos endemoniados que salían de los sepulcros, feroces en gran manera, tanto que nadie podía pasar por aquel camino. Y clamaron diciendo: ¿Qué tienes con nosotros, Jesús, Hijo de Dios? ¿Has venido acá para atormentarnos antes de tiempo?", (Mateo 8:28-29).

3. Jesús Sabía Que La Unción Del Espíritu Daría El Poder A Los Discípulos Para Permanecer Firmes Ante Cualquier Cosa. "Pero recibiréis poder, cuando haya venido sobre vosotros el Espíritu Santo, y me seréis testigos en Jerusalén, en toda Judea, en Samaria, y hasta lo último de la tierra", (Hechos 1:8).

Es por ello que Jesús no se escandalizó cuando Pedro lo negó tres veces. Cuando los discípulos huyeron en la crucifixión, Jesús no perdió la esperanza. Él conocía al Espíritu Santo. Él sabía lo que la unción haría en sus vidas. Sus instrucciones de que esperaran en el Aposento Alto hasta que viniera el Espíritu Santo fueron suficientes. Jesús no estaba sólo tratando de hacer fuertes a los discípulos. Él estaba tratando de hacerlos *conscientes* del Espíritu Santo.

4. La Unción No Es Necesariamente Entusiasmo Y Energía. No es movimiento. No es emoción. No es ruido. No es exhuberancia y fortaleza emocional.

5. La Unción Es El Poder De Dios Para Enfrentar Cualquier Enemigo Que Esté Presente En Tu Vida. "No que seamos competentes por nosotros mismos para pensar algo como de nosotros mismos, sino que nuestra competencia proviene de Dios", (2 Corintios 3:5).

6. El Espíritu Santo Imparte Una Unción Específica La Cual Mora Contigo. "Pero la unción que vosotros recibisteis de Él permanece en vosotros", (1 Juan 2:27).

7. El Espíritu Santo También Imparte Unciones Específicas En Momentos Particulares De Necesidad. Lo he visto en campañas de sanidad. Repentinamente, como un viento, el Espíritu Santo se mueve a través del auditorio y los ojos se abren en un instante, los oídos se abren, los cánceres desaparecen y los discapacitados saltan de sus sillas de ruedas. Esa Unción específica es liberada por medio de la *unidad de fe* en la congregación. *La expectación en fe es la montaña que aplasta a ese guijarro llamado satanás.* Una audiencia completa puede concentrar su fe y enfocarse en Jesús y el poder del Espíritu Santo se libera en ese lugar contra las enfermedades, dolencias y debilidades. Cien milagros pueden suceder simultáneamente *cuando la Unción es liberada* por medio del acuerdo y la unidad. "¡Mirad cuán bueno y cuán delicioso es habitar los hermanos juntos en armonía!" (Salmos 133:1).

8. Es Importante Evitar Cualquier Crítica Acerca De Aquellos Que Llevan La Unción Del Espíritu Santo. "No toquéis; dijo, a mis ungidos, ni hagáis mal a mis profetas", (Salmos 105:15). Es algo peligroso el tratar con ligereza esa unción sobrenatural. Ustedes verán, el Espíritu Santo escoge a la persona que Él unge. Los hombres no escogen esa unción. Las multitudes no pueden decidir quien llevará esa unción.

9. El Espíritu Santo Selecciona A Sus Ungidos. "El Espíritu de Jehová el Señor está sobre mí, porque me ungió Jehová; me ha enviado a predicar buenas nuevas a los abatidos, a vendar a los quebrantados de corazón, a publicar libertad a los cautivos, y a los presos apertura de la cárcel", (Isaías 61:1).

10. La Unción Que Tú Respetas Es La Unción Que Crece En Tu Vida. Cuando tú respetas la unción para sanidad, los milagros de sanidad empiezan a fluir. Cuando tú respetas una unción para liberación financiera, las cadenas caerán de tu vida. Ideas y favor fluirán como corrientes poderosas e incontenibles. Cuando tú valoras la unción para revelación, el conocimiento erupcionará dentro de ti como un volcán. "Y todo lo que pidiereis en oración, creyendo, lo recibiréis", (Mateo 21:22).

11. Cuando Tú Respetas A Aquellos Quienes Son Ungidos, Se Te Concederá El Acceso A Ellos. La unción se manifestó en diferentes maneras a través de la Biblia. En el Antiguo Testamento, la unción vino cuando el Espíritu Santo visitó a hombres como Saúl. Cuando Saúl estuvo en la presencia de otros profetas, él empezó a profetizar *bajo esa unción*. (Ver 1 Samuel 9-10.)

12. La Unción Sobre Ti Es Para Ministrar A Otros. Jesús sintió esta unción cuando les preguntó a Sus discípulos quién había tocado Su manto porque había salido virtud de Él. Cuando Sus discípulos le respondieron que muchas personas lo habían estado tocando, Él simplemente dijo—*alguien me ha tocado con un propósito en mente. Algo ha salido de Mí.*

Ese es el propósito de la unción—el poder de Dios en ti para *liberar a aquellos que están en cautiverio,* y derribar las puertas de la prisión. "El Espíritu de Jehová el Señor está sobre mí, porque me ungió Jehová; me ha enviado a predicar buenas nuevas a los abatidos, a vendar a los quebrantados de corazón, a publicar libertad a los cautivos, y a los presos apertura de la cárcel...a consolar a todos los enlutados...se les dé gloria en lugar de ceniza, óleo de gozo en lugar de luto, manto de alegría en lugar del espíritu angustiado", (Isaías 61:1-3).

13. Tú Puedes Caminar En La Unción A Cada Momento De Tu Vida. Cuando tú te rindes al liderazgo del Espíritu Santo, tú puedes empezar a vivir bajo esa unción. El Espíritu de Dios es la Fuente de ese poder. Él es Quien te *capacita*. Él te *programa*. Él te *asigna*. Él te convierte en un libertador, en lugar de un cautivo. Los discípulos sabían esto. "Id por todo el mundo y predicad el evangelio", (Marcos 16:15).

14. La Unción En Tu Vida Debe Ser Protegida. Como puedes verlo, no es una cosa frívola ser portador de la gloria y la presencia de Dios en tu vida. Es una cosa *santa*. A ti se te tendrá por responsable de protegerla y nutrirla. Huye de la frivolidad y la contienda. "Pero desecha las cuestiones necias e insensatas", (2 Timoteo 2:23).

15. Existen Ocasiones Especiales En Que Una Unción Especial Es Puesta Sobre Ti Por Una Razón Específica. Una noche, después del servicio en una iglesia, el pastor me recibió en su oficina con lágrimas en los ojos. "Mi hermano, realmente no sabes cómo te usó Dios en esta noche", lloró al decírmelo. Al compartir conmigo situaciones privadas y confidenciales que había en su iglesia, me di cuenta que el Espíritu Santo me había dado palabras muy fuera de lo común en esa noche *por una razón*. Ese hombre de Dios necesitaba una demostración de cuidado y compasión *fuera de lo común* de parte de Dios. Él necesitaba un cambio diametral en su vida. Así que, el Espíritu Santo puso un manto poco usual en mí para ese servicio...*para resolver ese problema específico* en esa iglesia específica. El cielo descendió y las cadenas fueron rotas esa noche.

16. El Espíritu Santo Quiere Ungirte Para La Obra Que Él Te Ha Llamado A Hacer. "Pedid, y se os dará; buscad, y hallaréis; llamad, y se os abrirá. Porque todo aquel que pide, recibe; y el que busca, halla; y al que llama, se le abrirá", (Mateo 7:7-8).

17. Valora El Momento En Que El Espíritu Santo Te Unge Y Hace Algo Específico Y Único Por Medio De Ti. No te rías de ello. No bromees sobre ello. Y, no lo discutas ni lo expliques detalladamente con las personas equivocadas. Dale gracias a Él humildemente por el privilegio de ser usado para traer sanidad a los quebrantados.

Oremos:
"Padre celestial, gracias por el Espíritu Santo. Gracias por la unción, el poder de Dios que remueve la carga y destruye el yugo. Yo necesito Tu unción y respeto a aquellos a quienes Tú les has dado varios tipos de unción. Yo no criticaré a ningún hombre o mujer de Dios que lleve Tu presencia, Tu voz, Tu verdad, y Tu poder. *Lo que yo respeto vendrá hacia mí.* Yo te pido en este día que me envíes todo bien y todo don perfecto que Tú quieres que yo tenga. Por cuanto yo Te he honrado, obedecido y he recibido Tus instrucciones, yo sé que Tu unción fluirá a través de mí el día de hoy. En el nombre de Jesús. Amén".

10
EL ESPÍRITU SANTO DISFRUTA HABLAR DE TODO CONTIGO

Al Espíritu Santo Le Agrada Conversar.

30 Hechos Que Debes Saber Acerca De Cuando Te Habla El Espíritu Santo

1. El Espíritu Santo Es Un Comunicador. Cuando el Espíritu Santo viene, tu mensaje cambia inmediatamente. "Y después de esto derramaré Mi Espíritu sobre toda carne, y profetizarán vuestros hijos y vuestras hijas; vuestros ancianos soñarán sueños, y vuestros jóvenes verán visiones", (Joel 2:28). (Ver también Hechos 2:16-18.)

2. El Espíritu Santo Cambió Las Palabras De Miles De Personas En El Día De Pentecostés. "Y se les aparecieron lenguas repartidas, como de fuego, asentándose sobre cada uno de ellos. Y fueron todos llenos del Espíritu Santo, y comenzaron a hablar en otras lenguas, según el Espíritu les daba que hablasen", (Hechos 2:3-4).

3. El Espíritu Santo Estuvo Involucrado Cuando Jesús Les Dio Mandamientos A Los Apóstoles Antes De Su Ascensión. "Hasta el día en que fue recibido arriba, después de haber dado mandamientos por el Espíritu Santo a los apóstoles que había escogido", (Hechos 1:2).

4. El Espíritu Santo Influye En Tus

Conversaciones Con Los Demás. "Pero recibiréis poder, cuando haya venido sobre vosotros el Espíritu Santo, y me seréis testigos en Jerusalén, en toda Judea, en Samaria, y hasta lo último de la tierra", (Hechos 1:8).

5. **El Espíritu Santo Motiva El Denuedo Y La Determinación De Tu Conversación Con Otros.** "Cuando hubieron orado, el lugar en que estaban congregados tembló; y todos fueron llenos del Espíritu Santo, y hablaban con denuedo la palabra de Dios", (Hechos 4:31).

6. **La Primera Prueba Y Evidencia Del Espíritu Santo En Tu Vida Es El Cambio En Tu Conversación.** Esto fue obvio en la vida de Pedro. Él era débil e intimidado por los demás antes de Pentecostés. Después, él era valiente y claro: "Entonces Pedro, lleno del Espíritu Santo, les dijo…Sea notorio a todos vosotros, y a todo el pueblo de Israel, que en el nombre de Jesucristo de Nazaret, a quien vosotros crucificasteis y a quien Dios resucitó de los muertos, por Él este hombre está en vuestra presencia sano…Y en ningún otro hay salvación; porque no hay otro nombre bajo el cielo, dado a los hombres, en que podamos ser salvos. Entonces viendo el denuedo de Pedro y de Juan, y sabiendo que eran hombres sin letras y del vulgo, se maravillaban; y les reconocían que habían estado con Jesús", (Hechos 4:8, 10, 12-13).

7. **El Espíritu Santo Habla Más Que Cualquier Otra Persona En La Tierra.** "El que tiene oído, oiga lo que el Espíritu dice a las iglesias", (Apocalipsis 2:7, 11, 17 y Apocalipsis 3:6, 13, 22).

8. **El Espíritu Santo Espera Que Tú Oigas Continuamente Su Voz.** "El oído que oye, y el ojo que ve, Ambas cosas igualmente ha hecho Jehová", (Proverbios 20:12).

9. **El Espíritu Santo Te Enseñará.** "Él os

enseñará todas las cosas", (Juan 14:26).

10. El Espíritu Santo Te Recordará Los Principios De Jesús. "...Y os recordará todo lo que os he dicho", (Juan 14:26).

11. El Espíritu Santo Hablará Contigo Acerca Del Pecado En Tu Vida. "Y cuando Él venga, convencerá al mundo de pecado, de justicia y de juicio", (Juan 16:8). "Venid luego, dice Jehová, y estemos a cuenta: si vuestros pecados fueren como la grana, como la nieve serán emblanquecidos; si fueren rojos como el carmesí, vendrán a ser como blanca lana", (Isaías 1:18).

12. El Espíritu Santo Hablará Contigo Acerca De Las Cosas De Tu Futuro. "Y os hará saber las cosas que habrán de venir", (Juan 16:13).

13. El Espíritu Santo Hablará Contigo Acerca De Aquéllos A Quienes Has Sido Asignado. "Y el Espíritu dijo a Felipe: Acércate y júntate a ese carro", (Hechos 8:29).

14. El Espíritu Santo Hablará Contigo Acerca De Las Motivaciones De Las Personas Que Te Rodean. "Y el Espíritu me dijo que fuera con ellos sin dudar", (Hechos 11:12).

15. El Espíritu Santo Hablará Contigo Acerca De Tu Asignación Específica. "Ministrando éstos al Señor, y ayunando, dijo el Espíritu Santo: Apartadme a Bernabé y a Saulo para la obra a que los he llamado", (Hechos 13:2).

16. El Espíritu Santo Examinará La Ubicación Y El Área Geográfica De Tu Asignación. "Ellos, entonces, enviados por el Espíritu Santo, descendieron a Seleucia, y de allí navegaron a Chipre", (Hechos 13:4).

17. El Espíritu Santo Te Revelará Aquéllos Sobre Quienes Está Viniendo Y Cayendo Juicio. "Entonces Saulo, (quien también se llamaba Pablo, lleno del Espíritu Santo, fijando en él los ojos, dijo: ¡Oh, lleno de todo engaño y de toda maldad, hijo del diablo, enemigo de toda justicia! ¿No cesarás de trastornar los caminos rectos del Señor?" (Hechos 13:9-10).

18. El Espíritu Santo Hablará Contigo Sobre Cosas Esenciales Y Sobre Cosas No Esenciales. "Porque ha parecido bien al Espíritu Santo, y a nosotros, no imponeros ninguna carga más que estas cosas necesarias", (Hechos 15:28).

19. El Espíritu Santo Te Hablará Acerca Del Lugar De Provisión Y De Abastecimiento. "Apártate de aquí, y vuélvete al oriente, y escóndete en el arroyo de Querit, que está frente al Jordán. Beberás del arroyo; y Yo he mandado a los cuervos que te den allí de comer", (1 Reyes 17:3-4). Esto es evidente aquí en la vida de Elías.

20. El Espíritu Santo Te Hablará Acerca De Las Vidas De Otras Personas. Tu Actitud. Trivialidades. El Lugar Secreto. Samuel experimentó esto cuando era un muchacho. Dios le habló a él acerca de Elí, su mentor espiritual. (Ver 1 Samuel 3:1.)

Es por esto que es importante que tengas un lugar especial para reunirte con Él cada día. Yo le llamo a mi lugar privado de oración, El Lugar Secreto.

21. Tienes Que Alejarte De Las Voces De Los Demás Cuando Quieras Realmente Oír La Voz Del Espíritu Santo.

▶ La solitud es necesaria para la *intimidad*.
▶ La intimidad es necesaria para la *impartición*.
▶ La impartición es necesaria para el *cambio*.

Tú sólo puedes cambiar cuando el Espíritu Santo esta hablando en tu vida. El Espíritu Santo nos habla de diversas maneras.

22. Las Palabras Del Espíritu Santo

Energizan Y Traen Vida. "El Espíritu es el que da vida; la carne para nada aprovecha; las palabras que Yo os he hablado son espíritu y son vida", (Juan 6:63).

Gracias a Dios por tu pastor, él es un don del Espíritu Santo para tu vida. Él te pone sobre aviso. Él te consuela. Él te fortalece. Desarrolla la disciplina de asistir a la iglesia—aún cuando los asuntos de la vida te abruman. Cuando eres expuesto a la predicación de un hombre de Dios, las oportunidades de éxito se multiplican una y otra vez.

23. **El Espíritu Santo Te Hablará Acerca De Venir A Su Presencia.** "Venid, y subamos al monte de Jehová, a la casa del Dios de Jacob; y nos enseñará Sus caminos, y caminaremos por Sus sendas. Porque de Sion saldrá la ley, y de Jerusalén la palabra de Jehová", (Isaías 2:3).

24. **El Espíritu Santo Te Hablará Acerca De Rendición De Cuentas.** "De manera que cada uno de nosotros dará a Dios cuenta de sí", (Romanos 14:12).

25. **El Espíritu Santo Habla A Los Niños.** "Hijos, obedeced en el Señor a vuestros padres, porque esto es justo. Honra a tu padre y a tu madre, que es el primer mandamiento con promesa; para que te vaya bien, y seas de larga vida sobre la tierra", (Efesios 6:1-3).

26. **El Espíritu Santo Habla A Los Esposos.** "Maridos, amad a vuestras mujeres, así como Cristo amó a la iglesia, y se entregó a sí mismo por ella...Así también los maridos deben amar a sus mujeres como a sus mismos cuerpos", (Efesios 5:25, 28).

27. **El Espíritu Santo Habla A Las Esposas.** "Las casadas estén sujetas a sus propios maridos, como al Señor", (Efesios 5:22).

28. **El Espíritu Santo Le Hablará Al Padre Acerca De Ti.** "Y de igual manera el Espíritu nos

ayuda en nuestra debilidad; pues qué hemos de pedir como conviene, no lo sabemos, pero el Espíritu mismo intercede por nosotros con gemidos indecibles. Mas el que escudriña los corazones sabe cuál es la intención del Espíritu, porque conforme a la voluntad de Dios intercede por los santos", (Romanos 8:26-27).

29. El Espíritu Santo Te Hablará Y Te Confirmará Que Tú Perteneces A Dios. "El Espíritu mismo da testimonio a nuestro espíritu, de que somos hijos de Dios", (Romanos 8:16).

30. El Espíritu Santo Te Hablará Acerca De Sembrar Una Semilla Significativa En Otros Durante Un Tiempo De Crisis En Tu Vida. "Y vino todo varón a quien su corazón estimuló, y todo aquel a quien su espíritu le dio voluntad, con ofrenda a Jehová para la obra del tabernáculo de reunión y para toda su obra, y para las sagradas vestiduras", (Éxodo 35:21).

Me sucedió a mí en una cruzada en Kansas. Un hombre joven y alto se sentó en una silla hasta el frente. Él movía su cabeza cada vez que yo decía algo acerca de la prosperidad financiera. Eso me agitó. Pero, yo seguí hablando y compartiendo la Palabra de Dios. Repentinamente, el Espíritu Santo habló a mi corazón. "Vacía tu cartera en él después del servicio de esta noche". Me sentí enfermo en mi interior. Ustedes verán, acababa de cambiar un cheque de una buena cantidad. De hecho, yo tenía nueve billetes de $100.00 dólares y otros $200.00 dólares que hacían un total de $1,100.00 dólares. Yo ya tenía planes y necesidades. Sin embargo, el Espíritu Santo me insistió en que vaciara toda mi cartera.

Dentro de mi corazón, yo repliqué: "Si me recuerdas después del servicio, lo haré". ¡Algo dentro de mí esperaba que *él se fuera!* ¡Yo realmente no tenía ningún deseo de darle a alguien como él absolutamente *nada!*

Después del servicio él se dirigió a mí y empezó una conversación. Yo le dije: "El Espíritu Santo me dijo que vaciara mi cartera para ti". Le di $1,100.00 dólares en efectivo. Él los miró y siguió hablando. Se los metió a su bolsillo y no dijo ni una sola palabra. Yo me sentí molesto. Cuando regresé al hotel me quejé fuertemente con Dios. "¡Yo le acabo de dar $1,100.00! ¡Él ni siquiera dijo gracias!".

"¿Por qué lo hiciste?"

"Bien, Tú me dijiste que lo hiciera", fue mi respuesta.

Dios me indicó que simplemente me callara. Al día siguiente, recibí una llamada telefónica que valía por lo menos $25,000.00 dólares para mi futuro. Ustedes verán, *cuando el Espíritu Santo te habla acerca de una Semilla, Él tiene una Cosecha en Su mente.*

Esto le sucedió a la viuda de Sarepta. El hombre de Dios vino a ella y le habló acerca de sembrar una Semilla. No fue idea suya para nada. El Espíritu Santo le había dado instrucciones mientras él estaba sentado junto al arroyo de Querit. Él obedeció a *Dios.* La viuda lo obedeció a *él.* Y, la provisión continuó durante todos los días que duró el hambre.

- ▶ Cuando el Espíritu Santo te habla, *obedece.*
- ▶ Cuando el Espíritu Santo te habla, *los cambios están empezando.*
- ▶ Cuando el Espíritu Santo te habla, *el gozo inundará tu corazón.*

"Entre tanto que se dice: Si oyereis hoy Su voz, no endurezcáis vuestros corazones, como en la provocación", (Hebreos 3:15).

Tres Formas En Que El Espíritu Santo Te Hablará:

1. El Espíritu Santo Te Habla A Través De Hombres De Dios. Estos maravillosos hombres de Dios inspiran nuestra fe y corrigen nuestro enfoque. Cuando tú obedeces las instrucciones del Espíritu Santo a través de un hombre de Dios, vas a prosperar más allá de tu imaginación. "Creed en Jehová vuestro Dios, y estaréis seguros; creed a sus profetas, y seréis prosperados", (2 Crónicas 20:20).

2. El Espíritu Santo Habla A Través De Tu Conciencia. Cuando Esteban, lleno de fe y de poder hizo grandes maravillas y milagros entre la gente, algunos altercaban con él. Sus conciencias reaccionaron. "Pero no podían resistir a la Sabiduría y al Espíritu con que hablaba", (Hechos 6:10). Ellos se enojaron tanto, que se levantaron y apedrearon a este gran hombre de Dios. El Espíritu Santo usó sus propias conciencias para probarles su culpabilidad.

3. El Espíritu Santo Te Habla Por Medio De Las Escrituras. Él se movió sobre los hombres de la antigüedad para documentar estas Palabras santas de Dios para nosotros. Imagínate cada Palabra como una Semilla. Dentro de cada Palabra está una fragancia poderosa e invisible llamada gozo. El gozo fuera de lo común es la esencia escondida dentro de cada Palabra de Dios. Cuando escuchas Sus Palabras y las abrazas, estás recibiendo Semilla santa en la tierra de tu vida. Una explosión de gozo inexplicable va a brotar de esas Semillas, como una fragancia energizante. No sé cómo explicarlo. Me sucede cada día de mi vida. En el momento en que leo Sus Palabras, los cambios empiezan dentro de mí.

Oremos:

"Espíritu Santo: gracias por ser para mí ese don maravilloso como mi Compañero. Eres mi Mentor, mi Maestro, y mi precioso Amigo. Gracias por tomarte el tiempo para hablarme, para conversar conmigo, y para darme instrucciones. Perdóname por las veces que no te he escuchado, obedecido y cumplido Tus palabras. Si he fallado en cumplir cualquier instrucción, por favor háblame nuevamente en tal forma que no pueda dudarlo. Limpia mi vida de distracciones de tal manera que yo pueda oír Tu voz y obedecerte sin cuestionarlo. En el nombre de Jesús. Amén".

Sección 2

La Asignación

11
Todo Lo Que Dios Creó Fue Creado Para Resolver Un Problema

Tú Fuiste Creado Para Resolver Un Problema.
La creatividad es la búsqueda de soluciones. En grandes reuniones, no se podía escuchar claramente a los conferencistas. Así que, el sistema de micrófono y discursos públicos fue creado. Los anteojos fueron creados para quienes tienen dificultad para ver.

Los *problemas* son el catalizador de la creatividad. Cuando un inventor—ya sea Tomás Alva Edison, o quienquiera—que invente algo, su creatividad está basada en un problema existente. Ellos *resuelven* el problema, y son *recompensados* conforme a esto.

¿Por qué te compraste un coche? Resolvió un problema de *transporte*.

¿Por qué ves las noticias cada tarde en la televisión? Esto resuelve un problema de *información*.

Los mecánicos resuelven problemas de *automóviles*.

Los dentistas resuelven problemas *dentales*.

Los abogados resuelven problemas *legales*.

Las madres resuelven problemas *emocionales*.

Los contadores resuelven problemas de *impuestos*.

Por eso Dios nos creó. Dios quería una relación de *amor*. Él quería ser elegido, perseguido y *atesorado*.

Ahora Adán tenía un problema, él necesitaba una

compañía *humana*. "Y dijo Jehová Dios, No es bueno que el hombre esté solo, le haré ayuda idónea para él. Entonces Jehová Dios hizo caer sueño profundo sobre Adán, y mientras éste dormía, tomó una de sus costillas, y cerró la carne en su lugar. Dijo entonces Adán: Esto es ahora hueso de mis huesos y carne de mi carne, ésta será llamada Varona, porque del varón fue tomada", (Génesis 2:18, 21-23).

Lo ves, cada uno de nosotros es una *solución*.

Así, cuando abras los ojos cada mañana, tú estás viendo un mundo entero coronado con soluciones. Todo lo creado es una solución...a alguien, en algún lado, en algún momento.

Tú eres una solución caminante para alguien.

Esto significa que eres una recompensa para alguien. Alguien te *necesita*. Eres *necesario* para alguien, en algún lugar...*hoy*.

Lee estas poderosas palabras. " Vino, pues, palabra de Jehová a mí, diciendo: Antes que Te formase en el vientre Te conocí, y antes que nacieses Te santifiqué, Te di por profeta a las naciones", (Jeremías 1:4-5).

Dios no hace acepción de personas. Él creó a Jeremías para un tiempo especial, para una estación y gente especial. Es lo mismo contigo.

Fuiste creado por un propósito específico y muy especial...*resolver un problema específico en la tierra. Yo le llamo a esto, La Asignación.*

"Te alabaré, porque formidables, maravillosas son tus obras, Estoy maravillado, Y mi alma lo sabe muy bien. Mi embrión vieron tus ojos, Y en tu libro estaban escritas todas aquellas cosas Que fueron luego formadas, Sin faltar una de ellas", (Salmos 139:14-16).

8 Hechos Importantes Acerca De Tu Asignación

1. **Dios Está Totalmente Enfocado En Ti, En Tus Caminos Y Tu Asignación.** "Has escudriñado mi andar y mi reposo, y todos mis caminos te son conocidos", (Salmos 139:3).

2. **Dios Examina Cuidadosamente Toda Palabra Que Tú Hablas Día Con Día.** "Pues aún no está la palabra en mi lengua, y he aquí, oh Jehová, tú la sabes toda", (Salmos 139:4).

3. **El Espíritu Santo, Quien Te Creó, Está Continuamente Contigo.** Él mantiene Su mano sobre tu vida. "Detrás y delante me rodeaste, y sobre mí pusiste tu mano", (Salmos 139:5).

4. **Nunca Estarás Fuera De Su Alcance O Acceso.** "¿A dónde me iré de tu Espíritu? ¿Y a dónde huiré de tu presencia? Si subiere a los cielos, allí estás tú, y si en el Seol hiciere mi estrado, he aquí, allí tú estás. Si tomare las alas del alba y habitare en el extremo del mar, aun allí me guiará tu mano, y me asirá tu diestra", (Salmos 139:7-10).

5. **Cuando Estés En La Prueba Más Obscura De Tu Vida, Él Encenderá La Luz Para Ti, Para Darte La Capacidad De Completar Esta Asignación Que Plantó Dentro De Ti.** "Si dijere: Ciertamente las tinieblas me encubrirán, aun la noche resplandecerá alrededor de mí. Porque tú formaste mis entrañas, Tú me hiciste en el vientre de mi madre", (Salmos 139:11-13).

6. **Es Imposible Contar Los Pensamientos Gratificantes Que Emanan De La Mente De Dios Hacia Ti Diariamente.** " ¡Cuán preciosos me son, oh Dios, Tus pensamientos! ¡Cuán grande es la suma de ellos! Si los enumero, se multiplican más que la arena,

despierto y aún estoy contigo", (Salmos 139:17-18).

7. Es Tu Propia Responsabilidad El Identificar Tu Asignación. Así que, no esperes que otros definan tu Asignación por ti. No es su responsabilidad el hacerlo. *Ellos tienen la responsabilidad personal de descubrir su propia Asignación.* Tú debes descubrir tu propia Asignación por ti mismo. Dios así quiso que fuera. Esto requerirá tu esfuerzo personal, búsqueda y moverte *hacia Su presencia.* "De manera que cada uno de nosotros dará a Dios cuenta de sí", (Romanos 14:12).

8. La Palabra De Dios Es El Plano Para Tu Asignación Y Debe Convertirse En Tu Enfoque Diario. Escuchar de Él hará tu Asignación clara, irrefutable e inamovible. "Bien has hecho con tu siervo, Oh Jehová, conforme a tu palabra", (Salmos 119:65).

Tú estás en la tierra para resolver un problema.
Por eso es que se llama…La Asignación.

12
TÚ ERES UNA RECOMPENSA PARA ALGUIEN

Alguien Te Necesita.
A Moisés se le necesitó como líder de los niños de Israel. Él fue su *recompensa*.

A David lo necesitaron los israelitas para derrotar a Goliat. Él también fue una *recompensa* para el Rey Saúl, cuando derrotó a Goliat y expuso a los Filisteos. Noemí necesito quien cuidara de ella. Rut fue una recompensa para ella. Su devoción se documentó en las Escrituras para que la gente lo leyera a través de las generaciones.

Los Judíos habrían sido destruidos si no hubiera sido por Ester. Ester fue su respuesta, su solución, su *recompensa*.

El Faraón necesitaba desesperadamente que alguien interpretara su sueño. José fue una recompensa para él y subsecuentemente para la gente de Egipto.

El hambre habría destruido a los Egipcios. José fue *su recompensa* porque él interpretó el mensaje de Dios a través del sueño del Faraón.

Lo ves, toda persona que Dios creó es una *recompensa* para alguien.

Piensa en esto. Es muy importante que entiendas *tu* valor y cuán significativo eres.

Tu *paciencia* es una recompensa para alguien que otros no tolerarían. Tus *palabras* motivarán a alguien incapaz de ver lo que tú ves. Pueden ser las cualidades espirituales, emocionales o mentales que Dios ha desarrollado dentro de ti. *Pero alguien te necesita hoy, desesperadamente.*

Dios te planeó. *Nadie* más puede ser como tú. Nadie más puede hacer lo que tú haces. No hay nadie más en la tierra como tú. Entiende esto. Abrázalo. Dios no es un duplicador. Él es Creador. Tú eres absolutamente perfecto y genéticamente preciso para *resolver un problema específico* para alguien en la tierra.

Alguien necesita exactamente lo que Dios te ha dado. Alguien está hambriento y sediento de *tu* presencia. Algunas personas morirán de hambre *si no entras* a sus vidas. Hay quienes están literalmente muriendo emocional, mental o espiritualmente, *esperando que vengas* a su lado y los rescates. Algunos han estado permaneciendo despiertos por las noches orando que Dios envíe alguien a sus vidas.

Tú eres su recompensa.

Entonces, es importante que reconozcas que algunas personas realmente no te necesitan. Tú *no* eres su respuesta. Tú *no* eres su solución. No te ofendas por esto. Dios tiene a alguien más planeado para ellos.

Tú no eres necesario en *todos lados.* Se te necesita solamente en un *lugar* específico, en un *tiempo* específico y por una *persona* específica.

Ahora, esta persona (o gente) ha *calificado* para que entres a su vida. Quizá en un principio no te vean como su recompensa, pero realmente lo eres. Tú eres *exactamente* lo que Dios ha ordenado para su vida.

Medita en esta verdad. *Pruébala. Siéntela.*

5 Llaves Importantes Para Recordar

1. **Dios Te Ha Calificado Para Ser Una**

Solución Perfecta Para Alguien.

2. Es La Responsabilidad De Los Demás Discernir Tu Asignación Hacia Ellos. Los Fariseos no discernieron que Jesús les fue asignado. Pero Zaqueo lo discernió, y nació una relación. Aún el Faraón de Egipto, un incrédulo discernió que José era la respuesta a su sueño y dilema. Miles estaban enfermos y ciegos, pero, uno clamó a Jesús, "Y oyendo que era Jesús nazareno, comenzó a dar voces y a decir: ¡Jesús, Hijo de David, ten misericordia de mí!", (ver Marcos 10:47).

3. Cuando Tú Descubres A Quien Has Sido Asignado, Experimentarás Gran Paz, Realización Y Provisión Para Tu Propia Vida. Tú debes determinar y conocer bien la unción y llamamiento sobre tu propia vida. Permanece fuerte, y permanece ligado al Espíritu Santo en total dependencia, y Dios te dirigirá.

4. Debes Buscar Oportunidades Para Sanar, Fortalecer Y Bendecir A Otros. Haz el bien todo el tiempo que sea posible. "No te niegues a hacer el bien a quien es debido, cuando tuvieres poder para hacerlo", (Proverbios 3:27).

5. Tu Asignación Siempre Será Hacia Alguien Con Un Problema. *Alguien cercano a ti está sufriendo.* Juan el discípulo amado, urgió la compasión. "Pero el que tiene bienes de este mundo y ve a su hermano tener necesidad, y cierra contra él su corazón, ¿cómo mora el amor de Dios en él?", (1 Juan 3:17).

15 Principios En La Resolución De Problemas Que Debes Reconocer Y Aplicar Cuando Ayudas A Otros

1. Alguien Te Necesita. *Alguien con un problema.* Alguien con un problema de salud necesita un doctor. Alguien con un automóvil con problemas necesita un mecánico. Alguien con un problema financiero necesita un banquero. Alguien con un problema espiritual necesita un ministro.

Lo ves, los problemas son cosas maravillosas. Ellos nos hacen buscarnos los unos a los otros. Ellos nos permiten ver el valor de aquellos cercanos a nosotros. Ellos también permiten a los demás observar nuestra importancia. Así que nunca le corras a un problema. Simplemente corre hacia la solución.

2. **Algunos Problemas Son Más Notorios Que Otros.** Los sastres se dan cuenta de los botones que faltan. Los mecánicos escuchan lo que está fallando en los motores. ¿Por qué? Esa es su Asignación específica.

3. **Dios Espera Que Te Muevas Rápidamente A Resolver Un Problema Para Quienes Estás Asignado.** "No te niegues a hacer el bien a quien es debido, cuando tuvieres poder para hacerlo", (Proverbios 3:27).

4. **Tu Asignación Determinará Y Elevará Lo Que Ves Y Escuchas.** Tú verás cosas que otros cercanos a ti no ven. Tú *oirás* cosas en una conversación que otros quizá pasen por alto. El problema que tú ves es una pista para tu unción y llamamiento en la vida.

5. **Tú No Estás Asignado Para Todos Los Que Tienen Un Problema.** Algunos problemas te es imposible resolver. Alguien más ha sido asignado para resolver esos *problemas específicos* para la gente. Sin embargo, debes aprender a permanecer en el *centro de tu área de experiencia,* las soluciones que tú contienes.

6. **El Espíritu Santo Responderá Todas Las Preguntas Importantes Que Le Hagas.** Sus respuestas traerán gran paz a tu corazón. "Clama a Mí, y Yo te responderé, y te enseñaré cosas grandes y

ocultas que tú no conoces", (Jeremías 33:3). Pregúntale honestamente si el problema que estás viendo es la penalización de un acto de desobediencia o rebelión. ¿Por qué?

Nunca alientes vida en algo que Dios está matando. Lo último que tú quieres hacer es oponerte a las obras de Dios en la vida de alguien.

Permíteme explicarte. Recientemente, alguien estaba hablando de su hijo conmigo. Ella dijo: "Me da pena por él. No ha tenido trabajo por varios meses. Así que, le he estado dando dinero para que gaste y le he permitido que se quede en la casa. ¿Le puede ayudar de alguna manera?"

Más adelante la plática reveló que el joven era increíblemente flojo. Él no había llevado su currículum a ninguna compañía. Él se había *rehusado* a realizar pequeñas tareas en la iglesia. Ni siquiera había podado el pasto de la casa de su mamá, ni había lavado ni encerado el auto los días que él estuvo "sin trabajo".

La animé a *retirarle* su apoyo. Le expliqué que en Deuteronomio 28 Dios dijo que Él solamente bendeciría "la obra de nuestras manos". Pablo escribió a la iglesia de Tesalónica, "Porque también cuando estábamos con vosotros, os ordenábamos esto: Si alguno no quiere trabajar, tampoco coma. Porque oímos que algunos de entre vosotros andan desordenadamente, *no trabajando en nada,* sino entremetiéndose en lo ajeno", (2 Tesalonicenses 3:10-11).

La Biblia dice que te alejes de la gente floja. Apártate de ellos. "Si alguno no obedece a lo que decimos por medio de esta carta, a ése señaladlo, y no os juntéis con él, para que se avergüence", (2 Tesalonicenses 3:14).

Entonces, él no es un enemigo. Él es un *hermano.* Pero se le debe enseñar la *ley de la productividad,* ese incremento involucra trabajo.

Pregúntale al Espíritu Santo, "¿Esta persona tiene un problema debido a la ignorancia? ¿Estoy asignado a enseñarles?" Lo ves, esto es lo que hizo Felipe cuando él corrió hacia el eunuco Etíope y le preguntó, "Acudiendo Felipe, le oyó que leía al profeta Isaías, y dijo: Pero ¿entiendes lo que lees?", (Hechos 8:30). Ahora, el eunuco no había aprendido, pero ¡él quería que se le enseñara! Felipe no tuvo que forzarlo a que fuera un estudiante. "Él dijo: ¿Y cómo podré, si alguno no me enseñare? Y rogó a Felipe que subiese y se sentara con él", (Hechos 8:31).

Pregúntale al Espíritu Santo, "¿Soy quién Tú has asignado para resolver el problema de esta persona?" Si tú lo eres, te inundará un gran gozo en la medida que te unes e interactúas con esta persona por la solución a su problema. Por esto la Escritura enfatiza en Proverbios 3:27, "No te niegues a hacer el bien a quien es debido, cuando tuvieres poder para hacerlo".

Pregúntale al Espíritu Santo "¿Me has calificado para resolver este problema y es este el tiempo correcto para hacerlo?" Lo ves, las Escrituras nos instruyen que resolvamos un problema..." No te niegues a hacer el bien a quien es debido, cuando tuvieres poder para hacerlo", (Proverbios 3:27).

Frecuentemente veo problemas que *quiero* resolver. Pero el Espíritu Santo me lo *prohíbe*. No siempre sé el por qué. Pero, Él tiene un plan específico. Pablo experimentó también esto. "Y atravesando Frigia y la provincia de Galacia, les fue prohibido por el Espíritu Santo hablar la palabra en Asia; y cuando llegaron a Misia, intentaron ir a Bitinia, pero el Espíritu no se lo permitió", (Hechos 16:6-7).

7. Acepta Que El Espíritu Santo Te Prohíba Resolver El Problema De Algunas Personas.

Ahora le podría parecer a cualquiera que el evangelio predicado por Pablo resolvería un problema para todos dondequiera que él iba. Pero, Dios siempre tiene un plan.

Él tiene *razones*.
Él tiene *épocas*.

"Todo tiene su tiempo, y todo lo que se quiere debajo del cielo tiene su hora. Tiempo de nacer, y tiempo de morir; tiempo de plantar, y tiempo de arrancar lo plantado; tiempo de matar, y tiempo de curar; tiempo de destruir, y tiempo de edificar", (Eclesiastés 3:1-3).

8. Date Cuenta Que La Actitud De La Persona Con El Problema Es Más Importante Para Dios Que El Problema Que Están Enfrentando. Lo ves, un rebelde no está en posición de recibir del Señor. Pero, "Si quisiereis y oyereis, comeréis el bien de la tierra", (Isaías 1:19).

El *tiempo* oportuno es vital para el Espíritu Santo. Permite que Él dirija tus pasos en esta área *cada día* de tu vida. " He aquí, yo estoy a la puerta y llamo; si alguno oye mi voz y abre la puerta, entraré a él, y cenaré con él, y él conmigo", (Apocalipsis 3:20).

9. Dios Te Dará Gran Compasión Por La Persona Con El Problema.

10. Dios Te Proveerá Con Entendimiento Y Tiempo Para Responder Apropiadamente Al Problema.

11. La Persona Tendrá Gran Confianza En Tu Habilidad Y Llamamiento Para Resolver Su Problema. (Ve Hechos 8:31-39 y Génesis 41:37-42.)

12. Dios Confirmará Tu Asignación Con Paz Interior En Ti Y Con Gozo En Ellos. (Ve Génesis 41:15-44.)

13. Siempre Será Un Punto Crítico De Cambio En La Vida De La Persona.

14. Nunca Te Quitará Tiempo Con El Espíritu Santo Y Oración En Privado. "Mas buscad primeramente el reino de Dios y su justicia, y todas estas cosas os serán añadidas", (Mateo 6:33).

Las emergencias que te sacan de Su presencia, que te sacan del tiempo que pasas con Dios, generalmente son orquestadas por el infierno *para romper el ritmo de tu vida espiritual.*

Cada pastor se ha dado cuenta que "las llamadas de emergencia" se dan justo antes de predicar en su servicio. La intención era *romper el enfoque,* diluir el entusiasmo y descarrilar el servicio.

15. Si Es La Voluntad De Dios Que Resuelvas Un Problema Para Alguien, Tendrás La Habilidad Y La Provisión Para Hacerlo. "No te niegues a hacer el bien a quien es debido, Cuando tuvieres poder para hacerlo", (Proverbios 3:27).

Una pareja recientemente se acercó a mí en una de mis Escuelas del Espíritu Santo. Eran agradables, cálidos, y muy amables. Él habló: "¿recibiste mi llamada telefónica?"

"Si, la recibí"—respondí.

"Te llamé más de diez veces, pero nunca regresaste mis llamadas".

"Mi secretaria te dijo que *requería una explicación* de la llamada telefónica antes de regresar cualquier llamada"—le expliqué cuidadosamente. "Lo ves, Yo recibo miles de llamadas telefónicas porque también tengo un ministerio de televisión y radio. He establecido lineamientos. Si no respetas a mi secretaria lo suficiente para seguir mis instrucciones a través de ella, *no estás calificado para que te regrese la llamada".*

El joven dijo—"El Espíritu Santo le dijo a mi esposa y a mi que nos ibas a dar $10,000".

"Bueno, quien te dijo eso no fue el Espíritu Santo.

Dos razones: Primero, no te conozco en absoluto, y está escrito, "Os rogamos, hermanos, que *reconozcáis* a los que trabajan entre vosotros, y os presiden en el Señor, y os amonestan", (1 Tesalonicenses 5:12). No te conozco. No tengo idea de la mentoría y la autoridad que hay sobre tu vida. La segunda razón es muy obvia: no tengo $10,000 para darte. El Espíritu Santo jamás me diría que te diera algo que ni siquiera poseo".

Ellos se descorazonaron. Pero yo no estaba asignado a darles $10,000.

Por supuesto, Ore con ellos que el Señor guiaría sus asuntos y los dirigiría a las relaciones necesarias y a la provisión.

▶ Tú no estás asignado a *todo mundo*.
▶ No estás asignado a *todos lados*.
▶ No puedes resolver *toda clase* de problemas.

Rehúsate a ser manipulado, dominado o intimidado por las demandas y expectativas irracionales de los demás. Cuando Dios está involucrado, tu Asignación siempre será hacia alguien con un problema que Dios te ha calificado para resolver.

Tú eres una recompensa de Dios para alguien. Nunca lo olvides.

"Qué Usted Ama La Mayoría Es Una Pista Al Regalo Que Usted Contiene".
-MIKE MURDOCK

13
Lo Que Más Amas Es Una Pista Para Tu Asignación

La Pasión Es Magnética.
¿De qué te gusta *hablar*? ¿Qué te gusta *escuchar*? ¿Qué te *emociona*? Estas son pistas para tu Asignación. Estas son pistas para tus habilidades. *Tú siempre tendrás Sabiduría hacia lo que tú amas.*

Si amas a tus hijos, posiblemente poseas una sabiduría innata y obvia hacia los *niños*.

Si amas las computadoras, descubrirás una inclinación natural para entender esta *era de la computación*. Si te gusta trabajar en los autos, tendrás una sabiduría natural hacia las *cosas mecánicas*.

No es normal que los grandes cantantes digan—"realmente odio cantar. Preferiría vender autos. Dios me está haciendo cantar". Por supuesto que no. Ellos *aman* el cantar.

Nunca escucharás a un gran pianista decir—"Odio tocar el piano. Es algo que *tengo* que hacer. Dios me está *haciendo* que lo haga. Yo preferiría estar construyendo casas".

Lo ves, *lo que amas es una pista para tu Asignación.*

Cuando Dios te llame para una Asignación, obedécelo. En el tiempo debido, Él dará nacimiento a un deseo interno para una Asignación específica. Es una de las maneras como honra tu obediencia.

Sin embargo, a algunos de nosotros se nos enseñó

lo opuesto. Recuerdo que una de las damas de la iglesia de mi papá decía—"Si Dios te llama a predicar el evangelio al otro lado del mundo y te rehúsas, Él *hará que vayas*".

Dios le dio a Jonás la instrucción de ir a Nínive. Él eligió ir a Tarsis. Fíjate en esto. ¿Por qué no simplemente se quedó donde estaba? Él no tenía que salir del lugar donde estaba. *Algo dentro de él lo estaba moviendo*. Él simplemente se rehusó a completar su Asignación.

Su Asignación era de dos tantos: 1) dejar el lugar donde él estaba y 2) Llegar a Nínive.

Él *empezó* su Asignación. Dios trató con él por su rebelión contra el término de su Asignación.

Dios no está buscando formas de ser antagónico, hacerte enojar ni que te sientas miserable. Cuando Él te llama a hacer algo, si tú permaneces en Su presencia, te estableces en obediencia, Él te dará un *deseo para que lo termines*.

¿Qué te emociona *realmente*?

¿Qué te da gran *entusiasmo*?

¿Qué estás haciendo en los *días más felices* de tu vida?

El amor da nacimiento a la persistencia. Cuando tú amas algo, das nacimiento a la tenacidad, la determinación y la persistencia, lo cual es extraordinario. Recientemente, leí una historia poderosa acerca de un corredor. En su juventud, él contrajo una enfermedad terrible. Los doctores diagnosticaron que nunca podría volver a caminar. Pero, algo poderoso estaba dentro de él. *A él le gustaba correr.* Su amor por correr dio nacimiento a la determinación. Él terminó ganando una medalla en los Juegos Olímpicos.

El amor es más fuerte que la enfermedad. Es más

fuerte que la pobreza. Por eso, encuentra lo que verdadera y continuamente amas y *construye tu agenda alrededor de esto*. Recientemente hablaba con mi equipo de colaboradores. Si a cada humano en la tierra se le pagaran $10 por hora de trabajo sin importar el tipo de trabajo, ¿qué te gustaría hacer? Por ejemplo, si eliges hacer el mantenimiento de un edificio, recibirías $10 por hora por hacer ese trabajo. ¿Un cirujano cardiólogo? Recibirías $10 por hora. ¿Qué te gustaría hacer si el dinero ya no fuera un factor? *Esa es una pista para la Asignación de tu vida.*

Moisés amó a la gente. Cuando vio a un Egipcio golpeando a un compañero Israelita, él se movió rápidamente. Él era un apasionado tal de la justicia que mató al Egipcio. Eso fue algo desastroso. Esto postergó su Asignación. Pero su amor por la gente fue una pista a su manto como libertador. Él atendía los *clamores*. A él le *importaba*. Su compasión corrió profundamente. Porque él tenía amor por la gente, él pudo guiar a la gente. Ellos lo siguieron. Sí, ellos se quejaron, protestaron, se irritaron, peo habían encontrado su líder.

Abraham amó la paz. Él despreciaba el conflicto. Entonces, cuando Dios decidió destruir Sodoma y Gomorra, Abraham se convirtió en intercesor y mediador de Lot, su sobrino, quienes vivían en Sodoma y Gomorra. Su amor y su justicia fueron recompensados por Dios. Aunque Sodoma y Gomorra fueron destruidos, Lot y sus hijas fueron guiados fuera de la ciudad a salvo. Sucedió porque Abraham contenía algo muy precioso, un amor por la paz. *Su amor por la paz dio nacimiento a la Sabiduría necesaria para lograrla.*

Es sabio alterar y cambiar los defectos dentro de nosotros. Es aún más sabio reconocer y abrazar el centro de tu llamamiento.

Permite que el *verdadero tú* se vuelva fuerte. He escuchado frecuentemente que la gente le dice con insistencia a una persona tímida—"¡Tú debes hablar más!" Entonces, la misma persona se volverá con alguien que está hablando mucho—"¡Cállate! ¡Solamente siéntate y escucha!" Nosotros instruimos a la juventud—"Toma la vida más en serio". Nosotros instruimos a los ancianos—"¡Necesitas ser menos serio y más leve!"

No te alejes de la esencia que te hizo Dios. Entiende la importancia de tu *singularidad*.

Discierne tus dones. Especifica tu llamamiento. Construye tu agenda conforme a el. Cualquier cosa para lo que estés dotado hacer, es lo que deberías de estar haciendo.

Lo que más amas de verdad es una pista al don maravilloso y a la característica distintiva dentro de ti.

14
Lo Que Odias Es Una Pista Para Algo Que Fuiste Asignado A Corregir

El Enojo Es Energía, Poder Y Habilidad.
Sin embargo, requiere el enfoque apropiado. Te has preguntado ¿por qué otros no se enojan por las situaciones que a ti te enfurecen? Por supuesto que lo has hecho. Esta es una pista para tu Asignación.

Recuerda Estas 3 Llaves De Sabiduría

- *No Puedes Corregir Lo Que No Estás Dispuesto A Confrontar.*
- Lo Que Permites Siempre Continuará.
- Comportamiento *Permitido* Es Comportamiento Perpetuado.

Yo tengo un amor por la Sabiduría. Tengo un odio por la ignorancia. En mi propia vida he asistido a seminarios donde las Escrituras fueron citadas erróneamente, la verdad fue distorsionada y el error predominó. Era casi imposible quedarse sentado y permitirlo.

Realmente no puedes cambiar o corregir algo al menos que tengas un odio dado-por-Dios contra esa situación, ya sea enfermedad, injusticia, prejuicio racial, pobreza, divorcio o aborto.

Muchas cosas están mal en este país. Pero, nunca van a cambiar *sino hasta que alguien esté lo suficientemente enojado* por eso, para dar el paso hacia adelante y se haga cargo.

Por ejemplo, el aborto se ha ido aceptando gradualmente, aunque es una plaga verdaderamente devastadora en nuestra conciencia en este país. Parece que ningún portavoz articulado capaz de cambiar el curso de la marea ha emergido todavía; ¡aunque le doy gracias a Dios por aquellos que hacen esfuerzos significativos para lograrlo!

Los persuadidos son persuasivos.

Frecuentemente le he pedido a Dios que nos de a alguien con un deseo ardiente que pueda abogar *exitosamente* el caso del niño que aún no ha nacido. Le he pedido a Dios que provea un militante, intelectual con un celo apasionado que pueda ligar la Palabra de Dios con el regalo de vida en mi generación—alguien apasionado y en fuego.

Ese alguien podrías ser tú.

Yo no estoy hablando de bombardear clínicas de aborto ni de ultimar a quienes matan niños que todavía no han nacido.

Yo estoy hablando de *una unción,* un manto y un llamado—de cuando alguien *se levante* para completar su Asignación en esta generación: para desafiar, corregir y conquistar las semillas de rebelión que han crecido alrededor de nosotros.

Tu enojo es importante. No lo ignores. Satanás teme tu furia. *Un hombre enojado es un hombre que ha despertado.* Un hombre enojado cambia la mente de los demás.

Presta atención a las cosas que encienden tu enojo, pasión y fuertes sentimientos.

El Problema Que Más Te Enfurece Es El Problema Que Dios Te Ha Asignado Para Resolver.

El enojo es una pista hacia tu unción y tu

Asignación. Cuando Moisés vio a un egipcio golpear a un israelita, el enojo se encendió dentro de él. Ese enojo fue una *pista.* Fue una *señal.* La situación que más lo enfureció fue la que el único Dios le había ordenado cambiar, corregir y alterar. Él era un libertador.

El enojo es el lugar de nacimiento del cambio. Las situaciones cambian solamente cuando nace el enojo. Tú no resolverás un problema conscientemente sino hasta que experimentes un enojo santo y justo levantarse dentro de ti.

Tú no cambiarás una situación sino hasta que se vuelva intolerable.

Por muchos años en el sur, Los Africanos Americanos fueron forzados por ley a sentarse en la parte posterior del autobús. Ellos bien habrían podido seguir así hasta hoy si no hubiera sido por una mujer valiente: Rosa Parks. Esta mujer negra, cansada por el trabajo tomó su lugar en un autobús que iba lleno en Montgomery, Alabama. Cuando el autobús se llenó, ella se rehusó a pararse para que el hombre blanco se sentara en su lugar. Este fue el catalizador para el cambio apropiado, dramático y tan necesitado ya desde hacía mucho tiempo en los Estados Unidos. Esa clase de valor merece honor y respeto.

Lo Que Toleras, No Lo Puedes Cambiar. Cualquier cosa que rehúses aceptar, lo que te haga enojar lo suficiente para que tomes acción, es una pista para tu Asignación.

MADD, siglas en inglés de la organización Madres Contra el Manejo en Estado de Ebriedad, fue iniciada por una madre que vio como su hijo era atropellado en la calle por un conductor ebrio. Su enojo dio nacimiento a una respuesta.

Si te puedes adaptar a tu presente, nunca entrarás a tu futuro. Solamente quienes no pueden tolerar el presente están calificados para entrar a su futuro.

Ha sucedido en mi propia vida. Cuando era adolescente, sentí una gran atracción hacia la corte. Yo quería ser abogado. Me senté por horas en esos salones de la corte en mi pequeño pueblo en Lake Charles, Louisiana. Cada hora tomaba notas de casos que se exponían. Todavía odio la injusticia. Puedo llegar a enojarme por esto, ahora mismo, mientras te estoy escribiendo este capítulo solo de pensar en la gente que no ha sido representada apropiadamente. Continuamente leo libros sobre leyes y todavía continuamente leo libros que hablan del sistema legal. Mirar el proceso de la ley y observar la manipulación que se da en la corte, todavía me enfurece. Yo creo que este *enojo es una pista hacia la unción que hay sobre mi vida.*

La ignorancia me enoja. Cuando hablo con gente que no está informada, algo se aviva en mí. El deseo de enseñar es sobrecogedor Hablo en seminarios alrededor del mundo y a veces pierdo mi itinerario de vuelos porque me obsesiono con la enseñanza. Salir de un seminario se vuelve extremadamente difícil.

Los empleados improductivos son una fuente de gran agravio para mí. Creo que es una pista hacia el manto de mi vida. Es importante para mí descubrir el misterio del logro a través de Llaves de Sabiduría y los libros que escribo.

Escucha cuidadosamente a los ministros que enseñan prosperidad. *Ellos odian la pobreza.* Desprecian la carencia. Les contrista profundamente el ver familias heridas, destruidas y devastadas por la pobreza. Sus mensajes están llenos de furia ¡y suenan casi enojados! ¿Por qué? El destruir la pobreza es un llamado *dentro* de ellos.

¿Has escuchado ministros con la unción para

liberar? Ellos se enojan contra los espíritus demoníacos que poseen a miembros de las familias. Escucha a un evangelista ganador-de-almas. ¿Escuchas su pasión? Él es movido por la compasión cuando él ve al no salvo y no comprometido venir a Cristo.

El enojo revela una unción. "Acontecerá en aquel tiempo que su carga será quitada de tu hombro, y su yugo de tu cerviz, y el yugo se pudrirá a causa de la unción", (Isaías 10:27). La unción es el *poder de Dios que remueve cargas y destruye yugos en tu vida.*

Pon atención a lo que te hace enojar. Algo dentro de ti se levanta en contra de eso. ¿Por qué? *Tu enojo te califica para ser un enemigo de ese problema.* Dios te está preparando para que lo resuelvas.

▶ El enojo es *energía*.
▶ El enojo es *poder*.
▶ El enojo mueve el infierno.
▶ El enojo puede *dominar una situación*.

El enojo no enfocado destruye y arruina. Enfocado adecuadamente, crea cambios milagrosos. El enojo meramente requiere el enfoque apropiado. Desarróllalo. Debes ver tu enojo como una instrucción de Dios para permanecer en El Lugar Secreto para *encontrar la solución para el problema,* obtén las armas para destruir al enemigo, y *desarrolla una agenda diaria* diseñada por el Espíritu Santo...para crear el cambio.

La gente enojada puede cambiar su generación dramáticamente.

≈ 2 Corintios 2:4 ≈

"Porque por la mucha tribulación y angustia del corazón os escribí con muchas lágrimas, no para que fueseis contristados, sino para que supieseis cuán grande es el amor que os tengo".

15
Lo Que Te Entristece Es Una Pista Para Algo Que Fuiste Asignado Para Sanar

Plática En Lágrimas.
Lo que tú clamas es una pista a algo para lo que fuiste creado y ordenado por Dios para sanar. *La compasión es una señal.*

¿Qué te contrista? ¿Esposas golpeadas? ¿Niños que han sufrido abuso y maltrato? ¿La ignorancia? ¿La enfermedad? ¿La pobreza? ¿La pornografía? ¿El homosexualismo? ¿El aborto? Nómbralo. Se honesto contigo mismo.

Tu atención te califica como un *instrumento de sanidad*. Lo que te hace llorar es una pista hacia un problema que Dios te ha ungido para cambiar, conquistar y sanar. Mira a Nehemías. Su corazón se quebranto por el derribamiento del muro de Jerusalén. Él no pudo dormir en la noche. Él no pudo descansar. Él lloró por largas horas.

Él fue conmovido con todo lo que hay dentro de él para escribir cartas, hacer contacto con oficiales y aún cambiar su vida para la reconstrucción del muro.

Examina a Esdras. Su corazón se quebrantó por el templo en esa ciudad de Jerusalén. Él no podía descansar. Él lloraba y sollozaba. Él leía Escrituras a la gente. Él sabía que la *presencia de Dios era el único remedio para la gente herida*. Él reconoció que los lugares eran importantes y que Dios honraría y recompensaría a quienes santificaran un centro de adoración en la ciudad. *Esos sentimientos eran señales para su Asignación.* Hay una insensatez en nuestra ciudad. Observa como la industria del licor tiene sus señales en todo anuncio espectacular de un estadio. Todo periódico está lleno de anuncios de licor. Inclusive el alcohol ha matado y destruido a más personas en nuestras calles y carreteras que aquellos que murieron a lo largo de toda la guerra de Vietnam.

Alguien ha dicho que hemos perdido más de nuestros niños en muerte por alcoholismo que todas las muertes combinadas en las guerras más grandes. Sin embargo, todo mundo grita por los horrores de guerra mientras toman su alcohol en una mesa de coctel.

Algún día Dios va a levantar a otro Billy Sunday o a alguien que esté cansado de llorar por el cerebro de los niños estampados en las carreteras. Alguien va a estar tan contristado por las muertes sin sentido que su Asignación será clara. Entonces, esa Asignación se *convertirá en una obsesión* y esa persona se levantará para lanzar una guerra que *salvará* las vidas de miles y *sanará a los quebrantados* en esta generación.

¿Has llorado largas horas por una quiebra financiera y deudas? Piensa en las muchas familias en Los Estados Unidos que carecen de finanzas por el hábito de beber del padre. Piensa en los niños que no pueden cursar la escuela por el dinero que se gasta en el alcohol. ¿Lloras cuando ves a los niños sin hogar? *Las lágrimas son pistas hacia donde Dios te usará lo más.*

OH, hay muchas cosas que deberían encendernos. ¿Qué te *contrista*? ¿Qué te *entristece*? ¿Qué te lleva a las lágrimas? Presta atención a eso. *Las lágrimas son pistas* hacia la naturaleza de tu Asignación.

Donde más te duele es una pista a lo que mejor te

puede sanar.

"Pero por la gracia de Dios soy lo que soy; y su gracia no ha sido en vano para conmigo, antes he trabajado más que todos ellos; pero no yo, sino la gracia de Dios conmigo", (1 Corintios 15:10).

"Porque por la mucha tribulación y angustia del corazón os escribí con muchas lágrimas, no para que fueseis contristados, sino para que supieseis cuán grande es el amor que os tengo", (2 Corintios 2:4).

Lo que te contrista es una pista hacia tu Asignación en la tierra.

≈ Deuteronomio 2:3 ≈

"Bastante habéis rodeado este monte; volveos al norte".

16
Tu Asignación Es Geográfica

Los Lugares Importan.
Dios hizo los lugares antes de hacer a la gente. Por lo tanto, *donde* tú estás es casi tan importante como lo que tú eres.

Hace algún tiempo un ministro amigo compartió una historia interesante durante el almuerzo. "Mike", dijo él, "cuando yo estaba a 100 millas de Dallas, tenía un buen éxito, pero nada extraordinario. El momento en que me cambié a Dallas, nuestra iglesia aquí explotó absolutamente. Yo supe inmediatamente que estaba en el lugar correcto en el momento correcto".

Donde Tú Estás Determina Lo Que Crece Dentro De Ti. Tus debilidades o tus fortalezas requieren un clima para crecer.

Dios le habló a Moisés. "Bastante habéis rodeado este monte; volveos al norte", (Deuteronomio 2:3).

Jesús sabía que la *geografía importaba*. "Y le era necesario pasar por Samaria", (Juan 4:4). Él pudo haber añadido, "¡Porque hay una mujer allá que Me necesita que puede alcanzar a la ciudad entera!" Lee Juan 4:1-42 cuidadosamente. Jesús sabía que una persona lo necesitaba ese mismo día.

Jonás recibió la instrucción de ir a Nínive. Él se rebeló. Desde entonces, todo el mundo ha leído su diario de asistencia a "¡La Universidad de la Ballena!"

Abraham recibió la instrucción de *dejar* la casa de su padre en Ur de los Caldeos y emprender el viaje hacia una *nueva tierra*.

Rut dejó Moab y siguió a su suegra Noemí *de regreso a Belén,* ¡donde conoció a su Boaz!

Ester fue educada por Mardoqueo. Pero cuando Dios estaba listo para bendecirla, Él *la llevó al palacio.*

Quinientas personas recibieron la instrucción de Jesús de ir al *Aposento Alto.* Sólo 120 obedecieron. Sólo 120 recibieron la bendición prometida.

Tú no puedes trabajar en el trabajo erróneo, con el jefe erróneo, haciendo las cosas erróneas durante 40 horas a la semana y preguntarte por qué dos horas a la semana en la iglesia ¡no cambian tu vida! *La geografía juega una parte importante en cada historia de éxito.*

Dios no te bendecirá justo a cualquier lugar que vayas. Dios te bendecirá, sin embargo, ¡si estás dispuesto a ir a *cualquier lugar* ¡para que *Lo obedezcas y Lo complazcas!*

Sin embargo es verdad que: Donde Tú Estás Determina Lo Que Crece Dentro De Ti—hierba mala o flores, fortalezas o debilidades.

¿Te has dado cuenta que cuando estás en presencia de ciertos amigos te ríes de diferentes bromas? ¿Te has dado cuenta que el tema de tu conversación cambia frecuentemente, *dependiendo de la gente* que te rodea?

2 Llaves Que Han Abierto Milagros Para Mi Propia Vida

- ▶ *Donde Tú Estás Determina Quien Te Ve.*
- ▶ *Quienes Te ven Determinan El Favor Que Viene Hacia Ti.*

Nadie recibe favor a menos que sea VISTO. José no fue promovido sino hasta que el faraón lo *vio.* Rut no fue promovida sino hasta que Boaz la *vio.* El hombre ciego no recibió instrucciones sino hasta que Jesús lo *vio.* La hija del faraón no mostró favor al bebé Moisés en la canasta sino hasta que ella lo *vio*.

La geografía importa. Controla el *fluir del favor* en tu vida. Y nunca olvides que *un día de favor vale lo que mil días de labor.*

Ve A Donde Eres Celebrado En Vez De Donde Eres Tolerado. Busca estar donde Dios te quiere, diariamente, cada hora, semanalmente. Vuélvete más consciente de dónde tú *estás,* donde tú *trabajas* y *para quien* trabajas.

Es muy triste que alguna gente simplemente toma el periódico y empieza a llamar a lugares buscando un trabajo en vez de sentarse en la presencia de Dios y preguntarle, *"¿A quién he sido enviado hoy?"* Alguien debe tener *éxito por ti.* ¿Quién es? ¿*A quién* has sido *enviado?*

Lo ves, *cuando estás con la gente correcta, lo mejor de ti sale* y la peor parte de ti morirá.

Tu éxito siempre estará ligado al LUGAR: al lugar de tu Asignación.

≈ Hechos 7:22-23 ≈

"Y fue enseñado Moisés en toda la sabiduría de los egipcios; y era poderoso en sus palabras y obras. Cuando hubo cumplido la edad de cuarenta años, le vino al corazón el visitar a sus hermanos, los hijos de Israel".

17
Tu Asignación Requerirá Temporadas De Preparación

No Naces Calificado, Debes Llegar A Estar Calificado.

Mira la vida de Moisés. Él pasó sus primeros 40 años aprendiendo la Sabiduría de los Egipcios. "Y fue enseñado Moisés en toda la sabiduría de los Egipcios; y era poderoso en sus palabras y obras. Cuando hubo cumplido la edad de cuarenta años, le vino al corazón el visitar a sus hermanos, los hijos de Israel", (Hechos 7.22-23).

Él pasó otros 40 años aprendiendo las lecciones de liderazgo y sacerdocio. "Apacentando Moisés las ovejas de Jetro su suegro, sacerdote de Madián, llevó las ovejas a través del desierto, y llegó hasta Horeb, monte de Dios", (Éxodo 3:1).

"Pasados cuarenta años, un ángel se le apareció en el desierto del monte Sinaí, en la llama de fuego de una zarza. Entonces Moisés, mirando, se maravilló de la visión; y acercándose para observar, vino a él la voz del Señor", (Hechos 7:30-31).

Moisés fue un protegido por 80 años. Sus primeros 40 años él fue general en el ejército Egipcio. Sus segundos 40 años, él fue un pastor de cientos de ovejas. Preparación. *Preparación.* PREPARACIÓN.

Jesús pasó 30 años preparándose para su ministerio. "Jesús mismo al comenzar su ministerio era como de treinta años, hijo, según se creía, de José, hijo de Elí", (Lucas 3:23). Estos días parecen ser tan diferentes para los ministros jóvenes. El promedio de ministros jóvenes quiere prepararse durante tres años y medio por 30 años de de un ministerio notorio. Jesús hizo lo opuesto. *Él se preparó por 30 años para un ministerio público de 3 y medio años.*

El Apóstol Pablo fue un Fariseo y el hijo de un Fariseo. (Lee Hechos 23:6.) Él había invertido años de preparación con la elite intelectual de la sociedad de su generación. "Aunque yo tengo también de qué confiar en la carne. Si alguno piensa que tiene de qué confiar en la carne, yo más: circuncidado al octavo día, del linaje de Israel, de la tribu de Benjamín, hebreo de hebreos; en cuanto a la ley, fariseo ;en cuanto a celo, perseguidor de la iglesia; en cuanto a la justicia que es en la ley, irreprensible", (Filipenses 3:4-6).

Aún así, esta preparación no fue suficiente. "Pero cuantas cosas eran para mí ganancia, las he estimado como pérdida por amor de Cristo", (verso 7).

Dios tenía otra escuela de tres años para él. "...ni subí a Jerusalén a los que eran apóstoles antes que yo; sino que fui a Arabia, y volví de nuevo a Damasco. Después, pasados tres años, subí a Jerusalén para ver a Pedro, y permanecí con él quince días", (Gálatas 1:17-18).

Pablo fue mentor de otros respecto a varias estaciones de vida en el ministerio.

14 Estaciones Que Todo Ministro Fuera De Lo Común Experimentará

1. Estaciones De Aflicción— "Por tanto, no te avergüences de dar testimonio de nuestro Señor, ni de mí, preso suyo, sino participa de las aflicciones por el evangelio según el poder de Dios", (2 Timoteo 1:8). "Bueno me es haber sido humillado, para que aprenda tus estatutos", (Salmos 119:71).

2. Estaciones De Soledad— "Deseando verte, al acordarme de tus lágrimas, para llenarme de gozo", (2 Timoteo 1:4).

3. Estaciones De Guerra— "Tú pues, sufre penalidades como buen soldado de Jesucristo. Ninguno que milita se enreda en los negocios de la vida, a fin de agradar a aquel que lo tomó por soldado", (2 Timoteo 2:3-4).

4. Estaciones De Sufrimiento— "Si sufrimos, también reinaremos con él", (2 Timoteo 2:12).

5. Estaciones De Ignorancia— "Procura con diligencia presentarte a Dios aprobado, como obrero que no tiene de qué avergonzarse, que usa bien la palabra de verdad", (2 Timoteo 2:15).

6. Estaciones De Deseo Carnal— "Huye también de las pasiones juveniles, y sigue la justicia, la fe, el amor y la paz, con los que de corazón limpio invocan al Señor", (2 Timoteo 2:22).

7. Estaciones De Contención— "Pero desecha las cuestiones necias e insensatas, sabiendo que engendran contiendas. Porque el siervo del Señor no debe ser contencioso, sino amable para con todos, apto para enseñar, sufrido", (2 Timoteo 2:23-24).

8. Estaciones De Persecución— "Persecuciones, padecimientos, como los que me sobrevinieron en Antioquía, en Iconio, en Listra; persecuciones que he sufrido, y de todas me ha librado el Señor. Y también todos los que quieren vivir piadosamente en Cristo Jesús padecerán persecución", (2 Timoteo 3:11-12).

9. Estaciones De Prueba De Ti Mismo— "Pero tú sé sobrio en todo, soporta las aflicciones, haz obra de evangelista, cumple tu ministerio", (2 Timoteo 4:5).

10. Estaciones De Deslealtad— "Porque Demas me ha desamparado, amando este mundo, y se ha ido a Tesalónica. Crescente fue a Galacia, y Tito a Dalmacia", (2 Timoteo 4:10).

11. Estaciones De Injusticia— "Alejandro el calderero me ha causado muchos males; el Señor le pague conforme a sus hechos", (2 Timoteo 4:14).

12. Estaciones De Aislamiento— "En mi primera defensa ninguno estuvo a mi lado, sino que todos me desampararon; no les sea tomado en cuenta", (2 Timoteo 4:16).

13. Estaciones De Intervención Sobrenatural— "Pero el Señor estuvo a mi lado, y me dio fuerzas, para que por mí fuese cumplida la predicación, y que todos los gentiles oyesen. Así fui librado de la boca del león", (2 Timoteo 4:17).

14. Estaciones De Liberación— "Pero el Señor estuvo a mi lado, y me dio fuerzas, para que por mí fuese cumplida la predicación, y que todos los gentiles oyesen. Así fui librado de la boca del león. Y el Señor me librará de toda obra mala, y me preservará para su reino celestial. A él sea gloria por los siglos de los siglos. Amén", (2 Timoteo 4:17-18).

En toda etapa, él caminó en VICTORIA. (Ve Romanos 8:35-39.)

Mientras reviso los más de 60 años de mi vida, yo veo muchas estaciones. En cada estación, me sentí ignorante e inconsciente del *propósito* de cada estación de esa estación específica. Yo me preguntaba, "¿Cómo puede Dios recibir algo de gloria de esta situación?" Mirando hacia atrás, veo Su intervención divina. Él me ha enseñado tanto.

¿Alguna vez viste la película, "The Karate Kid"? Contiene lecciones poderosas. El jovencito que desesperadamente quiere aprender el arte de pelear. Su viejo mentor esperó. En lugar de enseñarle a pelear, le dio una brocha y le dio la instrucción de pintar la barda. El joven estaba muy descorazonado. Pero, él siguió las instrucciones de su mentor.

Desanimado, desilusionado y muy molesto, no pudo ver ninguna relación entre el pintar la barda y pelear en el cuadrilátero. Cuando terminó, recibió la instrucción de pulir el auto, él estaba muy desmoralizado. Sus pensamientos eran, "¿Cómo me ayudará esto en mi deseo futuro de ser un gran boxeador?" Pero, el mentor estaba preparando secretamente cada movimiento de sus manos para desarrollar las manos de un boxeador. El joven no lo discernió sino hasta mucho después.

Tu Padre celestial sabe lo que Él está haciendo con tu vida. "Mas él conoce mi camino", (Job 23:10).

A veces no discernirás Su presencia. "He aquí yo iré al oriente, y no lo hallaré; Y al occidente, y no lo percibiré; Si muestra su poder al norte, yo no lo veré; Al sur se esconderá, y no lo veré", (Job 23:8-9).

Sí, inclusive tú experimentarás estaciones de disciplina. "Porque el Señor al que ama, disciplina, Y azota a todo el que recibe por hijo. Es verdad que ninguna disciplina al presente parece ser causa de gozo, sino de tristeza; pero después da fruto apacible de justicia a los que en ella han sido ejercitados", (Hebreos 12:6, 11).

Abraza plenamente y ten expectación de la estación presente que Dios ha programado en tu vida. Extrae todo beneficio posible. "Por lo cual, levantad las manos caídas y las rodillas paralizadas", (Hebreos 12:12).

Tú sobrevivirás los fuegos del horno. "Si anduviere yo en medio de la angustia, tú me vivificarás; Contra la ira de mis enemigos extenderás tu mano, Y me salvará tu diestra", (Salmos 138:7).

Tú estás siendo perfeccionado para tu Asignación.
"Jehová cumplirá su propósito en mí; Tu misericordia, oh Jehová, es para siempre; No desampares la obra de tus manos", (Salmos 138:8).
Tu éxito es inevitable.

18
Tu Asignación Puede Ser Malentendida Por Los Que Están Más Cercanos A Ti

Lo Que Se Vuelve Familiar Frecuentemente Se Deja De Ver.

Permíteme explicarte. Supón que has manejado cada mañana a tu trabajo por los últimos cinco años. Ves los *mismos* edificios, las *mismas* tiendas y las *mismas* oficinas. De repente, descubres algo. Ves un anuncio y una tienda nueva.

"¿Cuando construyeron eso?" ¡Exclamaste!

"Eso siempre ha estado ahí", es la respuesta sorprendida de tu amigo. Es cierto. Ese edificio y ese anuncio han estado ahí por varios años. Pero, *se volvió tan familiar que tu mente empezó a ignorarlos.*

6 Pensamientos Que Recordar Cuando Tu Familia No Entiende Tu Asignación

1. Lo Que Se Vuelve Familiar A La Mente, La Mente Decide Ignorarlo. Quiere algo nuevo y diferente. Así que por cualquier razón, algo despierta tu interés.

Nuestras familias experimentan esto. Tú has estado cerca de tus hermanos y hermanas por tanto tiempo que sus *cualidades* sobresalientes se han vuelto familiares, y *ahora no las puedes ver.* Otros responden y las reconocen. Tú no respondes a esas cualidades ya más porque *te has acostumbrado a ellas.*

2. El Intelecto, La Habilidad Para Comunicarse Y La Integridad No Garantizan Tu Aceptación Necesariamente. Demás viajó con Pablo. ¿Cómo pudo el evangelio a través de la grandeza y tenacidad de Pablo volverse algo común? Sin embargo, *así fue.* La novedad y el magnetismo del evangelio se volvió tan *familiar,* "Porque Demás me ha desamparado, amando este mundo, y se ha ido a Tesalónica", (2 Timoteo 4:10).

3. Jesús Probó Lo Amargo De La Familiaridad. Él probó la soledad y el aislamiento de sus propios hermanos. Ellos se familiarizaron y se acostumbraron a Su presencia, fue difícil para ellos entender Su *divinidad e importancia* "Porque ni aun sus hermanos creían en Él", (Juan 7:5).

4. Debes Estar Consciente De Lo Que Te Diferencia De Los Demás. Jesús lo estuvo. "Mi tiempo aún no ha llegado", (Juan 7:6).

5. Otros No Sienten Tu Dolor, Tu Diferencia Y Tu Aislamiento. Quizá hasta te vuelvas el blanco de la burla y el ridículo. Jesús sabía que ellos no sentían Su dolor. "No puede el mundo aborreceros a vosotros; mas a Mí me aborrece, porque yo testifico de él, que sus obras son malas", (Juan 7:7).

6. Tu Familia Está Cómoda Con Los Lugares Donde Tú No Lo Estás. Jesús *también* experimentó esto. Sus hermanos estaban cómodos en lugares donde Él no lo estaba. "Subid vosotros a la fiesta; yo no subo todavía a esa fiesta, porque mi tiempo aún no se ha cumplido", (Juan 7:8). *Tú, también, debes aprender a aceptar esto.* De otra manera, te volverás amargado, enojado y vengativo *cuando parezca que quienes están más cercanos a ti son desleales y desinteresados.* "No hay profeta sin honra sino en su propia".

Frecuentemente he deseado asistir al "Taller de José". ¿Cuáles fueron los grandes principios que le permitieron mantener su enfoque después *de que su propia familia lo despreció?* Él le contó a sus hermanos su sueño excepcional.

Su padre lo *reprendió.*

Sus hermanos lo *envidiaron.*

Él conoció el *rechazo.* "Y lo contó a su padre y a sus hermanos; y su padre le reprendió, y le dijo: ¿Qué sueño es este que soñaste? ¿Acaso vendremos yo y tu madre y tus hermanos a postrarnos en tierra ante ti? Y sus hermanos le tenían envidia, mas su padre meditaba en esto", (Génesis 37:10-11).

Ellos odiaban su presencia misma. Él *quería* estar cerca de ellos. Él los *buscaba.* Él quería *conversar.* Pero, "...Cuando ellos lo vieron de lejos, antes que llegara cerca de ellos, conspiraron contra él para matarle", (Génesis 37:18).

¿Qué los hizo enojar de tal manera? Era solamente su hermano menor.

¿Fue su *apariencia*? ¿Fue su *comportamiento* y su conducta? *Por supuesto que no.* ¿Cuál fue la fuente de su enojo? La respuesta se ve claramente en su conversación *acerca* de él. "Y dijeron el uno al otro: He aquí viene el soñador", (Génesis 37:19).

Él tuvo un sueño.

- ▶ Ellos se intimidaron por sus *sueños.*
- ▶ Ellos se enojaron por su *futuro.*
- ▶ Ellos se incomodaron con su *destino.*

▶ Ellos se enfurecieron por sus *metas*.
▶ Ellos malentendieron su *Asignación*.

Sus mentes eran demasiado pequeñas para la grandeza de su futuro.

Lee sus palabras: "Ahora pues, venid, y matémosle y echémosle en una cisterna, y diremos: Alguna mala bestia lo devoró; y veremos qué será de sus sueños", (Génesis 37:20).

Ellos estaban dispuestos a *tramar*.
Ellos estaban dispuestos a *mentir*.
Ellos estaban dispuestos a *matar*.

Fueron sus sueños los que los agraviaban, enfurecían y enojaban? Sigue leyendo "Ahora pues, venid, y matémosle y echémosle en una cisterna, y diremos: Alguna mala bestia lo devoró; y veremos qué será de sus sueños", (Génesis 37:20).

El destino es *invisible*.
La grandeza es *invisible*.

Es más, *su presencia es tan poderosa que otros no la pueden rechazar*. La grandeza y destino de tu sueño no puede ser refutada, destruida ni puede ser puesta en duda por el odio. *La grandeza tiene una presencia*. El destino es un magneto. La grandeza intimida. El destino intimida.

Mira a David. Él había estado cuidando ovejas. Su papá quería que le llevara el almuerzo a sus hermanos que estaban en batalla. ¿Les dio gusto verlo? ¿Estaban impresionados porque su hermano menor había venido a la guerra? "Y oyéndole hablar Eliab su hermano mayor con aquellos hombres, se encendió en ira contra David y dijo: ¿Para qué has descendido acá? ¿y a quién has dejado aquellas pocas ovejas en el desierto? Yo conozco tu soberbia y la malicia de tu corazón, que para ver la batalla has venido", (1 Samuel 17:28).

¿Qué fue lo que verdaderamente encendió en ira a su hermano? "Y Eliab su hermano mayor escuchó *cuando él habló con aquellos hombres",* (1 Samuel 17:28). Lo que David le dijo a los otros soldados provocó la furia volcánica de su hermano mayor. David había estado preguntando sobre las recompensas ofrecidas al campeón de Israel que derrotaría a Goliat.

David estaba hablando sobre las bendiciones, beneficios e incentivos para campeones. *Él quería algo en su futuro más de lo que ellos lo querían realmente.* El destino está en tu diferencia.

- ▶ El destino está en tu real diferencia de los demás.
- ▶ Tu diferencia frecuentemente *hace enojar* a los demás.
- ▶ Tu diferencia está en la grandeza que quieres que nazca en tu *futuro*.
- ▶ Esa diferencia hace que los demás se sientan incómodos, miserables y enojados en tu presencia.

Tu familia es el campo de prueba de los sueños y destino que Dios planta dentro de ti. No puedes realmente huir de tu familia. *La sangre une.* Dios así lo hizo. Tú puedes experimentar enojo, desilusión y furia. Pero, por alguna razón inexplicable, siempre *vuelves a tu hogar, a los tuyos* en tiempos de crisis, pérdida o tragedia.

La adversidad te hace más articulado. Eres forzado a explicar lo que *sientes,* lo que *ves* y lo que *crees* ante el rostro de aquellos que están incrédulos. Estás forzado a *mantenerte motivado* por ti mismo en la presencia de los no inspirados. Tú eres forzado a cultivar Semillas de Fe en un clima de *duda*.

Los más cercanos a ti solamente te están preparando para que te vuelvas más poderoso en el campo de batalla, en la Arena de tu Destino.

Así que, agudiza tus habilidades. *Escucha* cuidadosamente sus observaciones. *Considera* sus críticas. Dios siempre usara el tiempo para reivindicarte. Descansa en eso.

Algunas veces las personas más cercanas a ti son las últimas en entender realmente qué hay acerca de ti.

Tu familia es el primer salón de clases en la búsqueda de la grandeza.

19

Tu Asignación Siempre Tiene Un Enemigo

Alguien Te Odiará. Acostúmbrate.

Tu Asignación es construir algo que es bueno y tirar algo malo. Escucha las instrucciones de Dios a Jeremías. "Mira que te he puesto en este día sobre naciones y sobre reinos, para arrancar y para destruir, para arruinar y para derribar, para edificar y para plantar", (Jeremías 1:10).

Solo para ti es natural tener un enemigo. "Si el mundo os aborrece, sabed que a Mí me ha aborrecido antes que a vosotros. Si fuerais del mundo, el mundo amaría lo suyo; pero porque no sois del mundo, antes Yo os elegí del mundo, por eso el mundo os aborrece. Acordaos de la palabra que yo os he dicho: El siervo no es mayor que su señor. Si a Mí me han perseguido, también a vosotros os perseguirán; si han guardado Mi palabra, también guardarán la vuestra. Mas todo esto os harán por causa de Mi nombre", (Juan 15:18-21).

Es una imagen agonizante y desgarradora, pero sucedió. Después de treinta y tres y medio años sobre la tierra, los últimos momentos de Jesús fueron todavía *como un magneto a Sus enemigos.* Es por eso que Él oró, "Padre, perdónalos; porque no saben lo que hacen".

Escucha lo que ellos están haciendo alrededor de Él: "Y el pueblo estaba mirando; y aun los gobernantes se burlaban de Él, diciendo: A otros salvó; sálvese a sí mismo, si este es el Cristo, el escogido de Dios. Los soldados también le escarnecían, acercándose y presentándole vinagre, y diciendo: Si tú eres el Rey de los judíos, sálvate a ti mismo. Y uno de los malhechores que estaban colgados le injuriaba, diciendo: Si tú eres el Cristo, sálvate a ti mismo y a nosotros", (Lucas 23:35-37, 39).

5 Razones Por Las Que Tu Asignación Siempre Tendrá Un Enemigo

1. Tu Asignación Impedirá Que Algo Erróneo Crezca Más. Ester sabía esto. (Lee Ester 4:13-17.)

2. Tu Asignación Paralizará La Influencia De Lo Que No Honra A Dios. Jonás finalmente abrazó este mandamiento. "Y se levantó Jonás, y fue a Nínive conforme a la palabra de Jehová. Y era Nínive ciudad grande en extremo, de tres días de camino. Y comenzó Jonás a entrar por la ciudad, camino de un día, y predicaba diciendo: De aquí a cuarenta días Nínive será destruida. Y los hombres de Nínive creyeron a Dios, y proclamaron ayuno, y se vistieron de cilicio desde el mayor hasta el menor de ellos", (Jonás 3:3-5).

3. Tu Asignación Finalmente Destruirá Algo Que Dios Odia En Gran Manera. David sabía esto. (Lee 1 Samuel 17:45-53.)

4. Tu Asignación Dará Crecimiento A Algo Significativo En Otro. David sabía esto. (Lee 1 Samuel 17:52.)

5. Tu Asignación Fortalecerá Algo Que Satanás Quiere Mantener Debilitado. Aaron y Hur vivieron esto. (Lee Éxodo 17:12.)

3 Errores Que Tu Enemigo Siempre Cometerá

1. **Tu Enemigo Siempre Malinterpretará Los Eventos Que Te Rodean.** (Lee Mateo 27:40-44.)
2. **Lo Que Ellos Asumen Como Tu Fin Siempre Será Tu Nacimiento Y Tu Comienzo.** (Lee Hechos 7:54-59.)
3. **Lo Que El Enemigo Asume Como Tu Salida De Tu Presente Es De Hecho Tu Entrada A Tu Próxima Estación De Promoción.** (Lee Hechos 7:54-59.)

7 Secretos Que Todo Sobreviviente Debe Conocer

1. **Mientras Vivas Habrá Un Adversario Que Se Te Opondrá En Cada Vuelta.** Y el aprender guerra espiritual contra fuerzas satánicas es importante—es absolutamente necesario.
2. **Debes Aprender Que Satanás Es Tu Único Enemigo Verdadero.** "Porque no tenemos lucha contra sangre y carne, sino contra principados, contra potestades, contra los gobernadores de las tinieblas de este siglo, contra huestes espirituales de maldad en las regiones celestes", (Efesios 6:12).
3. **Tu Suficiencia No Está En Ti Mismo.** "No que seamos competentes por nosotros mismos para pensar algo como de nosotros mismos, sino que nuestra competencia proviene de Dios, el cual asimismo nos hizo ministros competentes de un nuevo pacto, no de la letra, sino del espíritu; porque la letra mata, mas el espíritu vivifica", (2 Corintios 3:5-6).
4. **Debes Decidir Contraatacar.** "Por lo demás, hermanos míos, fortaleceos en el Señor, y en el poder de su fuerza", (Efesios 6:10). Es tu

responsabilidad personal permanecer en contra de los métodos de Satanás en contra tuya. "Vestíos de toda la armadura de Dios, para que podáis estar firmes contra las asechanzas del diablo", (Efesios 6:11).

5. Debes Decidir Ponerte La Armadura Espiritual Que Te Protege Y Te Defiende. "Por tanto, tomad toda la armadura de Dios, para que podáis resistir en el día malo, y habiendo acabado todo, estar firmes. Estad, pues, firmes, ceñidos vuestros lomos con la verdad, y vestidos con la coraza de justicia, y calzados los pies con el apresto del evangelio de la paz. Sobre todo, tomad el escudo de la fe, con que podáis apagar todos los dardos de fuego del maligno. Y tomad el yelmo de la salvación, y la espada del Espíritu, que es la palabra de Dios; orando en todo tiempo con toda oración y súplica en el Espíritu, y velando en ello con toda perseverancia y súplica por todos los santos", (Efesios 6:13-18).

6. Debes Ser Enseñable Y Capaz De Recibir La Mentoría Diaria Del Espíritu Santo En Las Técnicas De Guerra. "Bendito sea Jehová, mi roca, Quien adiestra mis manos para la batalla", (Salmos 144:1).

7. Recuérdate A Ti Mismo Sobre Las Recompensas De Vencer. "El que venciere será vestido de vestiduras blancas; y no borraré su nombre del libro de la vida, y confesaré su nombre delante de Mi Padre, y delante de Sus ángeles", (Apocalipsis 3:5). "Al que venciere, yo lo haré columna en el templo de Mi Dios, y nunca más saldrá de allí; y escribiré sobre él el nombre de Mi Dios, y el nombre de la ciudad de Mi Dios, la nueva Jerusalén, la cual desciende del cielo, de Mi Dios, y Mi nombre nuevo", (Apocalipsis 3:12). "Al que venciere, le daré que se siente conmigo en Mi trono, así como Yo he vencido, y Me he sentado con Mi Padre en

Su trono", (Apocalipsis 3:21).
> ▶ Satanás quiere que tu enfoque esté en la Batalla.
> ▶ Dios quiere que tu enfoque esté en los Despojos de la Batalla.

Recuerda Que La Batalla Es Cuando Dos Fuerzas Quieren La Misma Posesión. Así que, tu propósito en tu Asignación no es meramente de sobrevivencia en el calor de la batalla. Tu batalla es para ganar tu posesión de algo que deseas desesperadamente, necesitas y mereces.

El persistente gana. Siempre.

Tu Asignación atraerá la crítica y tu unción atraerá el ataque.

Alguien jamás querrá lo que tú estás haciendo.

22 Técnicas De Defensa Que Recordar Durante Épocas De Ataque Personal

1. Espera Que Alguien No Esté Feliz Por Tu Progreso. Así es siempre. Ellos "Sobornaron además contra ellos a los consejeros para frustrar sus propósitos", (Esdras 4:5). Las cartas se escribieron. Se creyeron las acusaciones.

Léelo por ti mismo. "Entonces, cuando la copia de la carta del rey Artajerjes fue leída delante de Rehum, y de Simsai secretario y sus compañeros, fueron apresuradamente a Jerusalén a los Judíos, y les hicieron cesar con poder y violencia. Entonces cesó la obra de la casa de Dios que estaba en Jerusalén", (Esdras 4:23-24).

2. Recuerda Que Eres Un Campeón No Un Perdedor.
> ▶ Los campeones pasan tiempo construyendo su sueño.

▶ Los perdedores pasan su vida criticándola.

3. **Invierte Tus Palabras Y Energía En Crear Nuevas Metas Y Sueños.** Los perdedores invierten sus palabras y labor tratando de destruir las metas de los demás. "Ninguna palabra corrompida salga de vuestra boca, sino la que sea buena para la necesaria edificación, a fin de dar gracia a los oyentes. Y no contristéis al Espíritu Santo de Dios, con el cual fuisteis sellados para el día de la redención. Quítense de vosotros toda amargura, enojo, ira, gritería y maledicencia, y toda malicia", (Efesios 4:29-31).

4. **Reconoce Que Lo Que Te Hace Llorar Hará Que Otros Se Lleguen A Enojar.** Nehemías lloró por la condición de Jerusalén. "…Y me dijeron: El remanente, los que quedaron de la cautividad, allí en la provincia, están en gran mal y afrenta, y el muro de Jerusalén derribado, y sus puertas quemadas a fuego. Cuando oí estas palabras me senté y lloré, e hice duelo por algunos días, y ayuné y oré delante del Dios de los cielos!", (Nehemías 1:3-4).

5. **Recuerda Que Cuando Tu Asignación Está Despierta Dentro De Ti, Tu Adversario Está Despierto En Contra Tuya.** Le sucedió a Nehemías. "Pero oyéndolo Sanbalat horonita y Tobías el siervo Amonita, les disgustó en extremo que viniese alguno para procurar el bien de los hijos de Israel…hicieron escarnio de nosotros, y nos despreciaron…se encolerizaron mucho; Y conspiraron todos a una para venir a atacar a Jerusalén y hacerle daño", (Nehemías 2:10, 19; 4:7-8).

6. **Ora, Confiesa, Llora, Y Humíllate Delante De Dios.** "Mientras oraba Esdras y hacía confesión, llorando y postrándose delante de la casa de Dios, se juntó a él una muy grande multitud de Israel, hombres, mujeres y niños; y lloraba el pueblo

amargamente", (Esdras 10:1).
   7. Ayuna. Esdras lo hizo. "Se levantó luego Esdras de delante de la casa de Dios, y se fue a la cámara de Johanán hijo de Eliasib; e ido allá, no comió pan ni bebió agua", (Esdras 10:6).
   8. Exhorta A Quienes Trabajan Alrededor De Ti A Que Estén Fuertes Y No Tengan Temor De Luchar Por Sus Familias. Esdras lo hizo. "Después miré, y me levanté y dije a los nobles y a los oficiales, y al resto del pueblo: No temáis delante de ellos; acordaos del Señor, grande y temible, y pelead por vuestros hermanos, por vuestros hijos y por vuestras hijas, por vuestras mujeres y por vuestras casas", (Nehemías 4:14).
   9. Permanece Despierto, Alerta Y Consciente. Nehemías lo hizo. "Entonces oramos a nuestro Dios, y por causa de ellos pusimos guarda contra ellos de día y de noche", (Nehemías 4:9).
   10. Permanece Productivo Y Enfocado. Nehemías lo hizo. "…Y cuando oyeron nuestros enemigos que lo habíamos entendido, y que Dios había desbaratado el consejo de ellos, nos volvimos todos al muro, cada uno a su tarea", (Nehemías 4:15).
   11. Vuelve A Poner Tu Rutina Diaria En Orden Para Mantenerse Precavido, Guardado Y Protegido De Tus Enemigos. "Y ni yo ni mis hermanos, ni mis jóvenes, ni la gente de guardia que me seguía, nos quitamos nuestro vestido; cada uno se desnudaba solamente para bañarse", (Nehemías 4:23).
   12. Anima A Cantantes Y Líderes Espirituales A Estar En Su Lugar De Asignación. Nehemías lo hizo. "Luego que el muro fue edificado, y colocadas las puertas, y fueron señalados porteros y cantores y Levitas", (Nehemías 7:1).
   **13. Asegura El Liderazgo Y Habilidades De

Hombres Fieles Que Honran A Dios. "Mandé a mi hermano Hanani, y a Hananías, jefe de la fortaleza de Jerusalén porque éste era varón de verdad y temeroso de Dios, más que muchos", (Nehemías 7:2).

14. **Estudia Las Biografías De Aquellos Que Han Perdurado.** Pablo experimentó mucho ataque y crítica. "Alejandro el calderero me ha causado muchos males; el Señor le pague conforme a sus hechos. Guárdate tú también de él, pues en gran manera se ha opuesto a nuestras palabras", (2 Timoteo 4:14-15).

15. **Perdona A Aquellos Que Te Atacan, Sabiendo Que Dios Permanecerá Contigo.** "En mi primera defensa ninguno estuvo a mi lado, sino que todos me desampararon; no les sea tomado en cuenta. Pero el Señor estuvo a mi lado, y me dio fuerzas, para que por mí fuese cumplida la predicación, y que todos los Gentiles oyesen. Así fui librado de la boca del león", (2 Timoteo 4:16-17).

16. **Permanece Enfocado En Tu Asignación.** Pablo permaneció enfocado en los resultados de su ministerio y conservó su expectación en alto y a Dios como su libertador. "Y el Señor me librará de toda obra mala, y me preservará para su reino celestial", (2 Timoteo 4:18).

17. **Persigue La Presencia De Dios Y Su Palabra.** David lo hizo. Cuando David fue atacado y criticado, él persiguió la presencia de Dios y absorbió las palabras del pacto. "Si tu ley no hubiese sido mi delicia, ya en mi aflicción hubiera perecido", (Salmos 119:92).

18. **Desarrolla Más Sabiduría Respecto Al Propósito Del Ataque.**
   ▶ La crítica es un ataque designado a *distraerte*.
   ▶ El ataque es oposición designada a *destruirte*.

- ▶ La crítica intenta *desmoralizarte*.
- ▶ El ataque intenta desmoralizar a *quienes te rodean,* que nadie desee ayudarte.
- ▶ La crítica quiere hacer tu futuro *indeseable*.
- ▶ El ataque es para hacer tu futuro *inalcanzable*.
- ▶ Los críticos se opondrán a tus *métodos*.
- ▶ Los adversarios temen tus *motivos*.

19. Recuerda Que Tu Actitud Es Más Importante Que El Ataque Contra Ti. El ataque pasa. Tu actitud, si está amargada o desmoralizada, *puede cultivar una raíz de amargura dentro de ti* que envenenará todos los días de tu futuro. "Mirad bien, no sea que alguno deje de alcanzar la gracia de Dios; que brotando alguna raíz de amargura, os estorbe, y por ella muchos sean contaminados", (Hebreos 12:15).

20. Asegura El Ministerio De Un Intercesor. "Otra vez os digo, que si dos de vosotros se pusieren de acuerdo en la tierra acerca de cualquiera cosa que pidieren, les será hecho por Mi Padre que está en los cielos", (Mateo 18:19).

21. Espera Que Tu Fe Sea Honrada Sobrenaturalmente Por El Dios Que Interviene, Justo Cuando Más Lo Necesitas. "Respondiendo Jesús, les dijo: Tened fe en Dios. Porque de cierto os digo que cualquiera que dijere a este monte: Quítate y échate en el mar, y no dudare en su corazón, sino creyere que será hecho lo que dice, lo que diga le será hecho. Por tanto, os digo que todo lo que pidiereis orando, creed que lo recibiréis, y os vendrá", (Marcos 11:22-24).

22. Espera Que Dios Haga Nulo El Consejo De Tus Enemigos. "Y cuando oyeron nuestros enemigos que lo habíamos entendido, y que Dios había desbaratado el consejo de ellos, nos volvimos todos al muro, cada uno a su tarea", (Nehemías 4:15).

8 Llaves Para Desatar La Victoria En Todo Ataque

1. El Ataque Revela Que Tu Enemigo Completamente Cree Que Eres Capaz De Obtener Tu Meta. Ellos no desperdiciarían sus municiones, tiempo, finanzas y esfuerzo si ellos pensaran que tus sueños y metas son imposibles. "Todo lo puedo en Cristo que me fortalece", (Filipenses 4:13). Si tu *enemigo* cree en tu *futuro, tú* también deberías creer.

2. Satanás Solamente Ataca El Nacimiento De Algo Significativo En Tu Vida. Puede ser tu ministerio, como Jesús en Mateo 4; puede ser el nacimiento de un campeón en tu casa, como el nacimiento de Moisés que activó la matanza de todos los niños recién nacidos en Egipto; puede ser el nacimiento de un milagro que está por ocurrir en tu vida personal. (Ver Daniel 9.)

3. Satanás Usa A Aquellos Cercanos A Ti Como Puertas A Tu Corazón. Tu intercesión es frecuentemente la *única cobertura* que ellos tienen para orar diariamente por que la gracia y las misericordias de Dios sean mostradas hacia *aquellos que tú amas.* "Y los enemigos del hombre serán los de su casa", (Mateo10:36).

4. La Palabra De Dios Es La Mejor Defensa Que Posees. Jesús la usó en Mateo 4 durante Su época de tentación. Trabajará cada vez para desmoralizar las palabras violentas que Satanás usa implacablemente en contra de tu mente. "Si tu ley no hubiese sido mi delicia,Ya en mi aflicción hubiera perecido", (Salmos 119:92).

5. Los Ángeles Están Listos

Continuamente En La Conclusión De Una Crisis. "El diablo entonces le dejó; y he aquí vinieron ángeles y le servían", (Mateo 4:11).

6. Alabanza Y Adoración Continua Saliendo De Tus Labios Desmoraliza A Satanás Y Atrae La Presencia De Dios. "Bendeciré a Jehová en todo tiempo; Su alabanza estará de continuo en mi boca", (Salmos 34:1).

7. Tu Fe Está Trabajando Para Ti En Todo Momento De Tu Vida. "Pero sin fe es imposible agradar a Dios; porque es necesario que el que se acerca a Dios crea que le hay, y que es galardonador de los que le buscan", (Hebreos 11:6).

8. El Arma De La Sabiduría Asegura Que Tu Promoción Seguirá Toda Crisis. "Si sufrimos, también reinaremos con Él", (2 Timoteo 2:12). Si Le negáremos, Él también nos negará. "Porque escudo es la ciencia, y escudo es el dinero; mas la sabiduría excede, en que da vida a sus poseedores", (Eclesiastés 7:12).

El ataque es meramente la prueba de que tu enemigo considera tu Asignación como alcanzable.

~ 2 Timoteo 2:15 ~

"Procura con diligencia presentarte a Dios aprobado, como obrero que no tiene de qué avergonzarse, que usa bien la palabra de verdad".

20
TÚ SÓLO TRIUNFARÁS CUANDO TU ASIGNACIÓN SE CONVIERTA EN UNA OBSESIÓN

El Enfoque Es Magnético.
Cuando tú das tu atención, tiempo y todo tu esfuerzo por lograr tu Asignación, experimentarás corrientes extraordinarias de favor y de milagros. *Lo que tenga la habilidad de mantener tu atención te ha dominado.*

Jesús mismo reprendió a quienes intentaron romper Su enfoque y obsesión por cumplir la voluntad del Padre. "Pero Él, volviéndose y mirando a los discípulos, reprendió a Pedro, diciendo: ¡Quítate de delante de mí, Satanás! porque no pones la mira en las cosas de Dios, sino en las de los hombres", (Marcos 8:33).

El Apóstol Pablo estaba obsesionado con su Asignación. Esto explica su éxito notable ante los enemigos, adversarios y aún amigos que lo malentendieron. Esto explica su carta a los Filipenses "Hermanos, Yo mismo no pretendo haberlo ya alcanzado; pero una cosa hago: olvidando ciertamente lo que queda atrás, y extendiéndome a lo que está delante, prosigo a la meta, al premio del supremo llamamiento de Dios en Cristo Jesús", (Filipenses 3:13-14).

Él se *alejó* de heridas del pasado, fracasos y recuerdos. Obviamente, él tenía una *fotografía* de aquellas cosas delante de él.

8 Llaves Para Desarrollar Una Obsesión Por Tu Asignación

1. Rechaza Cualquier Peso O Distracción Contra Tu Asignación. "...despojémonos de todo peso y del pecado que nos asedia, y corramos con paciencia la carrera que tenemos por delante", (Hebreos 12:1).

2. Se Implacable En Cortar Toda Atadura A Un Proyecto O Persona No Conectada A La Asignación De Dios. Él instruyó a Timoteo, "Ninguno que milita se enreda en los negocios de la vida, a fin de agradar a aquel que lo tomó por soldado", (2 Timoteo 2:4).

3. Estudia Tu Asignación Constantemente. Él urgió a Timoteo, "Procura con diligencia presentarte a Dios aprobado, como obrero que no tiene de qué avergonzarse, que usa bien la palabra de verdad", (2 Timoteo 2:15).

4. Escapa De Conversaciones Que No Estén Relacionadas Con Tu Asignación. "Mas evita profanas y vanas palabrerías, porque conducirán más y más a la impiedad...Pero desecha las cuestiones necias e insensatas, sabiendo que engendran contiendas", (2 Timoteo 2:16, 23).

5. Aprende A Desconectarte De Cualquier Relación Que No Alimente Tu Adicción A Su Presencia Y Obsesión Por Completar La Asignación De Dios En Tu Vida. "Si alguno no obedece a lo que decimos por medio de esta carta, a ése señaladlo, y no os juntéis con él, para que se avergüence", (2 Tesalonicenses 3:14).

Satanás *teme* la *conclusión* de tu Asignación. Cada acto de obediencia puede destruir miles de planes y deseos satánicos.

**6. Cuando Tú Insistes En Construir Tu

Vida Alrededor De Tu Asignación, Las Relaciones Erróneas Mueren. Las relaciones correctas florecen. He dicho mil veces que la mejor manera de desconectarse de la gente errónea es llegar a obsesionarse con el hacer lo que es correcto.

7. Cuando Tu Obsesión Es Hacer Lo Correcto, La Gente Errónea Te Percibe Como Inaguantable. Es permisible para otros el compartir sus sueños conmigo. Es una desilusión descubrir que ellos no quieren tener nada que ver contigo ni con tu Asignación. Es una recompensa saber que el Padre te recompensará 100 tantos más por *tu obsesión* de cumplir Su plan para tu vida. (Lee Marcos 10:28-30.)

8. Lucha Por Tu Enfoque. Lucha duro. Edifica muros que fortalezcan tu concentración. Ignora a los burlones, las risas y críticas de que "estás obsesionado".

Tendrás Éxito Solamente Cuando Tu Asignación Se Convierta En Una Obsesión.

Sección 3

La Semilla

21
Haz Un Inventario De Las Semillas Que Posees Actualmente

Una Semilla Es Un Pequeño Comienzo Con Un Futuro Enorme.

Es cualquier cosa que puede llegar a ser más. Es el Principio. Es cualquier cosa que tú puedes *hacer, conocer* o *poseer* que puede bendecir a alguien más.

Tus *Pensamientos* son Semillas para un comportamiento, conducta y creatividad deseados.

Tu *Amor* es una Semilla.
Tu *Tiempo* es una Semilla.
Tu *Paciencia* es una Semilla.
Tu *Dinero* es una Semilla.
Tu *Bondad* es una Semilla.
Tus *Oraciones* son Semillas.
Impedir una Calumnia es una Semilla.
El *Perdón* es una Semilla.
El *Agradecimiento* es una Semilla.

Tu Semilla es cualquier cosa que has recibido de Dios que puede ser intercambiada por algo más.

Tú eres una *bodega* caminante *de Semillas*. Mucha gente ni siquiera sabe esto. Ellos no tienen idea cómo las Semillas que ellos contienen puedan ser plantadas en la vida de otros.

- ▶ Cualquier cosa que *mejora* a otro es una Semilla.
- ▶ Cualquier cosa que hace *sonreír* a otro es una

Semilla.
▶ Cualquier cosa que hace *más fácil la vida* de alguien es una Semilla.

Millones están tan ocupados estudiando lo que no tienen que pasan por alto algo que ya han recibido.

Ciertamente debes tener un inventario de tus necesidades. Pero un inventario de tus Semillas es más importante. Deja de enfocarte en lo que tú no tienes, y mira más de cerca *algo que ya se te haya dado*.

Moisés lo hizo. Él se quejó de que no podía hablar. Dios le instruyó que se callara y levantara la vara en sus manos. Esa fue su Semilla. Su herramienta para crear su futuro.

David se quejó de que no podía usar la armadura de Saúl. Dios le dio instrucciones que volteara a ver la honda que él poseía. Dios siempre te da algo con lo que puedes *empezar* tu futuro.

Algo que tú has dado creará alguna cosa más que te ha sido prometida.

Las cosas pequeñas dan nacimiento a cosas grandes. Las bellotas se convierten en robles.

Uno de mis evangelistas asociados tiene algunas cualidades notables que lo harán tener éxito en su vida. Él tiene la disposición a ser corregido. Él nunca hace pucheros, nunca se emberrincha, nunca se distancia. Cuando comete algún error, él está presto para admitirlo. Él no tiene ningún hueso flojo dentro de él.

Su *actitud de oro* es una Semilla de *oro*.

Así, cuando Dios proveyó algunas finanzas extra para mi ministerio, la primera cosa que yo quería hacer era comprarle un traje. ¿Por qué? Sus Semillas de amabilidad, fidelidad y amor estaban trabajando. Su Cosecha era inevitable.

La mayoría de la gente no tiene idea de lo que una Semilla es en realidad. Llegar al trabajo a tiempo…es una Semilla. Llegar *antes de tiempo* es otra Semilla. Como ves, cualquier cosa que tú puedas hacer para hacerle la vida más fácil a tu jefe o a alguien más...es una Semilla.

Millones de personas jamás han usado el diez por ciento de una Semilla almacenada dentro de ellos. También, podar el césped para tu iglesia es una Semilla. Cuidar los niños de una madre o un padre soltero que está batallando mucho es una Semilla.

Tú eres una colección viviente de Semillas, un museo impactante de pequeños y apasionados comienzos de oro.

Tú debes reconocer que Semilla Dios almacenó dentro de ti. Tu Semilla es cualquier don, habilidad o talento que Dios ha provisto para que tú lo siembres en la vida de otros alrededor tuyo. No lo escondas. Usa tu Semilla. Celebra la existencia de Semillas en tu vida...mismas que están esculpiendo el camino hacia tu futuro. Hasta José reconoció su habilidad para interpretar sueños. Él quería ayudar a los demás. Cuando el faraón estaba en problemas, José tenía una Semilla para sembrar en su vida. "La dádiva del hombre le ensancha el camino y le lleva delante de los grandes", (Proverbios 18:16).

Una de las historias más grandiosas en los escritos de la antigüedad está en 1 Reyes 17. Elías estaba siendo alimentado por los cuervos en el arroyo de Querit. Cuando el arroyo se secó y los cuervos dejaron de venir, Dios le dio una nueva instrucción para que fuera a Sarepta, un poblado pequeño cerca de Sidón. Ahí una viuda recibiría la instrucción de proveer alimento para Elías. Cuando él llegó con la viuda la escena era desoladora y trágica. Ella estaba recogiendo leña. Su único hijo estaba recostado, consumiéndose sobre su lecho de muerte, en la pequeña casita.

Sin embargo, el hombre de Dios le habló osadamente para que ella sembrara una Semilla y le diera algo de su comida.

Sus provisiones se habían agotado. Ella no tenía fe para sobrevivir. Ella no tenía fe para recibir una provisión. Ella está viendo su último alimento en la tierra para ella y para su hijo.

Ahora imagina las instrucciones del hombre de Dios: "Toma una de esas tortas cocidas (de aquí en adelante le llamaremos panqué) y dámelo a mí". Ella pudo fácilmente haber dicho: "Cada uno de ustedes los predicadores ha tratado obtener mi panqué. Yo tengo diez cartas de ésta semana, de predicadores de la televisión queriendo que comparta con ellos mi panqué".

Pero Elías empezó a darle instrucciones de las Escrituras. Sus *instrucciones* son Semillas. El estaba sembrándolas a favor de la viuda. "¿Podrías ir a conseguir un poco de agua para mí? Mientras tú vas por eso, ¿podrías traerme un bocado de pan?".

"Yo no puedo hacer eso. No tengo suficiente para todos, sólo lo suficiente para mi hijo y para mí".

Elías le explicó pacientemente: "Yo entiendo eso. Tú eres sabia en el cuidado de tu hijo. Yo quiero que tú lo procures. Pero *primero* tráeme un poco a mí como hombre de Dios. Siémbralo como un inicio, una Semilla".

Entonces, de pronto le da una razón milagrosa *para sembrar.* No, él no sacó su boletín para mostrarle la fotografía de un cuervo que no regresó nunca para alimentarlo. Él no hizo referencia al arroyo seco. Él nunca le dijo que su ministerio estaba acabado y que él se moriría si ella no le preparaba un alimento.

Más bien le mostró la imagen de un futuro. Algo que ella no había notado. Él le reveló a ella que algo que ella ya poseía *era la llave de oro para posicionarla en su futuro.* Él le dio la imagen de la provisión potencial, de la Cosecha. (Ver 1 Reyes 17:14.)

Tú necesitas alguien que te ayude a sembrar la Semilla que tú posees. Tú necesitas a alguien que te muestre una fotografía de tu futuro.

Desarrolla el agradecimiento para el hombre de Dios que te ayuda a descubrir tu Semilla, y te provee una fotografía de la Cosecha que puedes esperar.

Elías lo hizo. El convirtió a una mujer pobre en una mujer milagro. De la pobreza a la abundancia. De la hambruna a la provisión.

Ya ves, la mayoría de las personas ni siquiera se han dado cuenta de algo *que ya tienen* que puede crear su futuro.

Tu *Tiempo* es una Semilla. Producirá lo que el dinero no puede. Un amigo mío estaba con el corazón quebrantado. Su hijo adolescente había recibido un auto, boletos para viajar por el mundo y aún así seguía odiando a su padre.

"Cambia la Semilla si no quieres recibir la Cosecha que está produciendo", le dije. "Detén el flujo de dinero. Proporciónale dos horas al día durante 14 días, tiempo en el que evitarás todo juicio. *Dale lo que no puede encontrar en ningún otro lugar y él regresará a ti".* Crea un clima de no crítica. Permítele hablar, discutir cualquier cosa contigo por dos horas durante el día. Documenta lo que suceda". Dos semanas después se hicieron los mejores amigos, yendo a pescar en la mañana. La crisis se había terminado. *Él encontró una Semilla que produciría el resultado deseado.*

El tiempo es algo precioso. *Doquier* lo siembres, algo increíble *crecerá.*

Piensa en ese enorme espacio llamado eternidad. Dios tomó de esta un pedazo, lo puso en la tierra y lo llamó Tiempo. Imagina a Dios diciendo: "Aquí está el Tiempo. Tú lo puedes intercambiar por cualquier cosa que quieras sobre la tierra". En cierta forma, Él no te dio amigos—Él te dio Tiempo. Tú sembraste Tiempo y creaste amistades sólidas. Dios nunca te ha "puesto en la mano" ningún dinero. Él te dio Tiempo. Tú acudiste a alguien con dinero y cambiaste tu Tiempo por dinero. Tu jefe tiene dinero, y tú tienes "Tiempo" en forma de trabajo para negociarlo con él.

El Tiempo es la divisa en la tierra.

Francia tiene el franco. Alemania el marco. Japón el yen. Inglaterra tiene la libra esterlina. México tiene el peso. Estados Unidos tiene el dólar.

Tu divisa en la tierra es el Tiempo. Dios te dio el Tiempo para que lo intercambies por cualquier cosa que sea importante para ti.

Yo jamás he visto a una persona pobre que tenga conciencia de la importancia del Tiempo. Yo no he conocido una persona rica que no tenga conciencia de la importancia del Tiempo.

Como ves, tu Tiempo es un don precioso de parte de Dios. Tu Tiempo es una Semilla que puede producir lo que el dinero no puede comprar.

Imagina este escenario conmigo por un momento. Te encuentras en la oficina de tu jefe en el preciso momento en el que se recarga hacia atrás en su silla y comenta suspirando: "Cuánto se me antoja un buen vaso de jugo de zanahoria". Deja que te muestre unas cuantas respuestas de lo que ocurre usualmente:

1. Un empleado que gana $5.00 por hora: "¡A mí también me gustaría tomarme un jugo de zanahoria!".

2. Un empleado que gana $6.00 por hora: "¡Tú quieres un jugo de zanahoria! ¡A mí me gustan las coca colas!".

3. Un empleado que gana $7.00 por hora: "Si

tuviera zanahorias, te prepararía uno".

4. Un empleado que gana $8.00 por hora: "¿Le gustaría que fuera a comprar un jugo o que se lo haga?"

5. Un empleado que puede eventualmente decidir su propio salario: "En un momento regreso, señor, en 20 minutos". Él regresa con un vaso de jugo de zanahoria, solicitando información: "¿Le gustaría tomar su jugo cada mañana a una hora determinada?" Esto es posible, señor.

Eso es *siembra* de Semilla.

Cada vez que tu jefe esté disgustado, tú tienes una oportunidad de probar tu singularidad e importancia. Cada vez que tú lo ves infeliz, es una puerta para la promoción. Busca, busca, busca y *busca,* una y *otra vez,* oportunidades de plantar una Semilla. Éstas están a tu alrededor todo el día. Cientos de ellas.

Cada Semilla es una Puerta de Oro de tu presente hacia tu futuro. Si tú no reconoces una Semilla, ¿cómo podrías reconocer entre la Cosecha y la Semilla?

Si un granjero no ha visto nunca cómo es un grano de elote, ¿crees acaso que él podría reconocer un maizal al lado del camino? Claro que no. *Tú no puedes empezar a reconocer la Cosecha hasta que no reconozcas la Semilla—algo* precioso dentro de ti que Dios te ha dado, te permite saber, hacer o poseer para sembrar.

Tú eres una Bodega Caminante de Semillas.

Invierte Tiempo en el Lugar Secreto, tu lugar personal de oración. Pídele al Espíritu Santo que te muestre qué es aquello que Él te ha dado: sobrenaturalmente y naturalmente, para plantarlo en la vida de otros. Tu futuro empieza en tus propias manos.

- ▶ Tú puedes *ver* algo que nadie más puede ver.
- ▶ Tú *sabes* algo que otros no saben.
- ▶ Tú *ves problemas* que otros no ven.

Resolver problemas para ellos es tu Semilla que trae cualquier clase de Cosecha que tú desees.

Millones de personas no tienen la más mínima idea de lo que una Semilla es en realidad. Así, ellos no recibirán nunca la Cosecha de esa Semilla porque se quedó sin ser plantada y sin sembrarse.

Descubre las Semillas que ya has recibido de parte de Dios y tu futuro puede ser como tú lo desees.

22
Aprende El Secreto De Darle Una Asignación Específica A Tu Semilla

Toda Semilla Contiene Una Instrucción Invisible. Permíteme explicar. Tú no lo puedes ver. Es demasiado pequeño e invisible para el ojo natural. Pero obviamente está ahí. Si pudieras ver profundamente en el interior de la Semilla de sandía, verías una instrucción invisible que contiene: "produce sandía". Las Semillas de Jitomate contienen la instrucción invisible "produce jitomates".

No hay incertidumbre ni variación. La Semilla contiene una Asignación increíble. Es precisa, exacta y específica. El Creador había decidido la Cosecha cuando Él creo la Semilla.

Cuando Dios quiso una familia, Él sembró a Su Hijo. Él dio a Su Hijo una Asignación para "buscar y salvar a los que estaban perdidos". Jesús fue la mejor Semilla que Dios jamás haya plantado en la tierra. Pero, Él contenía una Asignación, una instrucción, un propósito. Todo lo que Él hizo estuvo conectado a esa Asignación.

David debe haber aprendido este increíble secreto de darle una Asignación específica a su Semilla. Cuando miles yacían muertos por toda la ciudad, él clamaba a Dios y le traía una *ofrenda específica* por un *propósito específico*. "Y edificó allí David un altar a

Jehová, y sacrificó holocaustos y ofrendas de paz; y Jehová oyó las súplicas de la tierra, y cesó la plaga en Israel", (2 Samuel 24:25).

Elías enseñó este increíble Principio de la Asignación a la viuda de Sarepta. Cuando ella iba a traer agua, él le dio una instrucción específica... "Tráeme, te ruego, un bocado de pan en tu mano".

Entonces, Elías hizo algo que pocos ministros rara vez hacen. Él *le dio una fotografía de lo que su Semilla debía producir.* "Porque Jehová Dios de Israel ha dicho así: La harina de la tinaja no escaseará, ni el aceite de la vasija disminuirá, hasta el día en que Jehová haga llover sobre la faz de la tierra", (1 Reyes 17:14).

Cuando Tú le das Una Asignación a tu Semilla, energía y fe son derramadas en ti. Tú puedes ver más allá del sacrificio del momento. La viuda lo hizo. "Entonces ella fue e hizo como le dijo Elías; y comió él, y ella, y su casa, muchos días", (1 Reyes 17:15).

¿Realmente funciona? Si tú siembras por una razón específica, hacia una Cosecha, funciona? Funciona si *estás en obediencia total a las instrucciones de Dios.* "Y la harina de la tinaja no escaseó, ni el aceite de la vasija menguó, conforme a la palabra que Jehová había dicho por Elías", (1 Reyes 17:16).

Esas instrucciones pueden ser a través de un siervo de Dios, de La Palabra de Dios o a través de la voz interna del Espíritu Santo.

Tus Oraciones también son Semillas.

Job *sembró* una *Oración de Liberación* por sus tres amigos. ¿Qué pasó? Dios liberó a Job de su cautividad. Así como David había detenido una tragedia al traer una ofrenda especial al Señor.

Hace muchos años, yo experimenté un ataque personal. Fue emocionalmente devastador para mi. Mi mente estaba fragmentada. Dentro de mi, mi corazón estaba quebrantado y yo quería morir. Fue una situación que se pudo haber complicado por cualquier represalia o intento de explicarla. Yo volé a Los Ángeles para otra campaña el mismo día. La mañana siguiente, un Domingo, el Espíritu Santo me dio una instrucción extraña. "Planta una Semilla de *batalla*".

Yo nunca había escuchado tal cosa.

Entonces, yo recordé cuando David había *apuntado su Semilla como una flecha.* Él le dio una Asignación. Él la enfocó por un resultado deseado. Y la plaga cesó. (Ve 2 Samuel 24:25.)

Yo planté todo lo que tenía aquel día—$3,000. Sobrenaturalmente el ataque terminó tan de repente como había empezado. ¿No es maravilloso? Tú siempre tienes una Semilla que se convierte en una salida de tus circunstancias presentes.

Tu Semilla es siempre la puerta de salida del problema. Es cualquier cosa que hagas para ayudar a la otra persona. Tu Semilla es cualquier cosa que *mejora la vida de alguien que está cerca de ti.* Quizá sea la Semilla de información, Semilla de ánimo o inclusive la Semilla de finanzas. Cualquier cosa que plantes, debes acordarte de darle una Asignación específica a tu Semilla para que tu fe no fluctúe. "Pero pida con fe, no dudando nada; porque el que duda es semejante a la onda del mar, que es arrastrada por el viento y echada de una parte a otra. No piense, pues, quien tal haga, que recibirá cosa alguna del Señor. El hombre de doble ánimo es inconstante en todos sus caminos", (Santiago 1:6-8).

Tu fe debe tener una instrucción específica. No dos. No tres. *Una.* "Esto hago", fueron las palabras del gran hombre de Dios. David clamó, "Pronto está mi corazón, oh Dios, mi corazón está dispuesto; Cantaré, y trovaré salmos", (Salmos 57:7).

No dudes. Apunta tu Semilla. "Solamente esfuérzate y sé muy valiente, para cuidar de hacer conforme a toda la ley que mi siervo Moisés te mandó; no te apartes de ella ni a diestra ni a siniestra, para que seas prosperado en todas las cosas que emprendas", (Josué 1:7).

El dar a tu Semilla una Asignación específica impacta fuertemente tu enfoque. Y el enfoque importa. El secreto del éxito es concentración. *La Única Razón Por La Que Un Hombre Fracasa Es Por Un Enfoque Roto.*

Es una trágica situación la que he observado muchos domingos en la mañana en las iglesias. La ofrenda es bien recibida. El pastor explica el uso que se le dará a la ofrenda: "Realmente necesitamos un techo. El techo que tenemos necesita reparación. ¿Nos vas a ayudar hoy?"

La gente responde. Pero su Semilla realmente no ha recibido una instrucción. Paga las facturas, pero no se multiplica su retorno a sus vidas. ¿Por qué? No se le ha *apuntado* a crear una Cosecha *específica*. Si el único deseo involucrado es pagarle al señor que los repara, eso se logra fácilmente, pero los sembradores de Semilla nunca reciben su Cosecha personal de retorno. Siembra tu Semilla *constantemente, generosamente,* y siempre en obediencia a la voz de Dios. Entonces envuelve tu fe alrededor de tu Semilla y apúntala como una flecha. Entra en un pacto por un resultado específico y deseado en tu vida.

Miles fallan en hacer esto y nunca reciben la Cosecha financiera que Dios prometió. "Codiciáis, y no tenéis; matáis y ardéis de envidia, y no podéis alcanzar; combatís y lucháis, pero no tenéis lo que deseáis, porque no pedís", (Santiago 4:2).

Oremos:
"Padre, Tú diste a Jesús, Tu mejor Semilla, una Asignación. Ahora, millones son nacidos de nuevo—cambiados por siempre—y Tú estás produciendo la Cosecha que Tú deseaste, una familia. Enséñanos el Principio de la Asignación—dar a toda Semilla que sembremos una Asignación específica. En el nombre de Jesús. Amén".

≈ Lamentaciones 3:25 ≈

"Bueno es Jehová a los que en él esperan, al alma que le busca".

23
Espera El Tiempo Suficiente Para Que Tu Semilla Produzca Tu Cosecha Deseada

El Tiempo Es El Misterioso Y Escondido Ingrediente En Una Cosecha Fuera De Lo Común.

Lo ves, la paciencia es también una Semilla. "Bueno es Jehová a los que en él esperan, al alma que le busca", (Lamentaciones 3:25).

Tu espera revela confianza. "Bueno es esperar en silencio la salvación de Jehová", (Lamentaciones 3:26).

Tu espera puede ser dolorosa. Pero, es la estación entre la siembra y la cosecha. Es por esto que la Biblia lo llama—*Tiempo de Siembra y Cosecha. El Tiempo es la estación entre la Semilla y la Cosecha.*

"Porque un momento será su ira, Pero su favor dura toda la vida. Por la noche durará el lloro, Y a la mañana vendrá la alegría", (Salmos 30:5).

Algunos de nosotros hemos perdido Cosecha por el dolor de la espera. La espera es opresiva. Genera agravio, un espíritu crítico y te deja frustrado.

Mientras se espera, se hablan palabras de duda e incredulidad. Esto frecuentemente aborta el *ciclo de la bendición*. La ingratitud trae una maldición, no una recompensa.

La ingratitud no inspira a Dios a apresurar la Cosecha.

La ingratitud detiene la cosecha.

Tú debes estar dispuesto a confiar en Dios a través de todas las estaciones de espera. Él ha prometido un cambio.

Tu *enojo* no intimida a Dios.

Tu *horario* no obliga a Dios.

Él es Dios. Él decidirá cuando mereces y calificas para la Cosecha. "Porque mis pensamientos no son vuestros pensamientos, ni vuestros caminos mis caminos, dijo Jehová. Como son más altos los cielos que la tierra, así son mis caminos más altos que vuestros caminos, y mis pensamientos más que vuestros pensamientos", (Isaías 55:8-9).

Él ya te ha prometido una Cosecha en la estación debida. "Porque como desciende de los cielos la lluvia y la nieve, y no vuelve allá, sino que riega la tierra, y la hace germinar y producir, y da Semilla al que siembra, y pan al que come, así será Mi palabra que sale de Mi boca; no volverá a Mí vacía, sino que hará lo que yo quiero, y será prosperada en aquello para que la envié", (Isaías 55:10-11).

Emociónate por tu Cosecha. "Porque con alegría saldréis, y con paz seréis vueltos; los montes y los collados levantarán canción delante de vosotros, y todos los árboles del campo darán palmadas de aplauso", (Isaías 55:12).

Dios reemplazará todo desastre financiero con un milagro financiero. "En lugar de la zarza crecerá ciprés, y en lugar de la ortiga crecerá arrayán; y será a Jehová por nombre, por señal eterna que nunca será raída", (Isaías 55:13).

Tú debes rehusarte a permitir palabras de desánimo en tu boca. "No temas, porque yo estoy contigo; no desmayes, porque yo soy tu Dios que te esfuerzo; siempre te ayudaré, siempre te sustentaré con la diestra de Mi justicia", (Isaías 41:10).

Aquellos que se oponen y combaten en contra de tu progreso, serán confrontados por Dios mismo. "He aquí que todos los que se enojan contra ti serán avergonzados y confundidos; serán como nada y perecerán los que contienden contigo", (Isaías 41:11).

Tus enemigos no tendrán éxito contra ti. "Buscarás a los que tienen contienda contigo, y no los hallarás; serán como nada, y como cosa que no es, aquellos que te hacen la guerra. Porque yo Jehová soy tu Dios, quien te sostiene de tu mano derecha, y te dice: No temas, yo te ayudo", (Isaías 41:12-13).

El Espíritu Santo está involucrado en contra de tu enemigo. "Y temerán desde el occidente el nombre de Jehová, y desde el nacimiento del sol su gloria; porque vendrá el enemigo como río, mas el Espíritu de Jehová levantará bandera contra él", (Isaías 59:19).

Todo esquema, estrategia y trampa en contra tuya, finalmente fallará si eres paciente en la espera. "Ninguna arma forjada contra ti prosperará, y condenarás toda lengua que se levante contra ti en juicio. Esta es la herencia de los siervos de Jehová, y su salvación de mí vendrá, dijo Jehová", (Isaías 54:17).

Mantén los ojos en las recompensas de la espera. Los hombres luchan por una razón—ganar algo que ellos quieren. Cuando David enfrentó a Goliat, él estaba plenamente consciente de los fantásticos *beneficios* ofrecidos a la persona que pudiera derrotar a Goliat. Tendría la mano de la hija del rey. Él no tendría que pagar impuestos. Así, armado con la imagen interna de su éxito y sus recompensas, él corrió hacia Goliat a conquistarlo.

Jesús fue al Calvario, plenamente consciente de la resurrección—"por el gozo que fue puesto delante de él". Conserva tu enfoque. Los despojos de guerra valen la batalla y la tormentosa estación llamada espera.

Rehúsate a pecar con tu boca. Tu enemigo reacciona a tus palabras. Si tú lo alimentas con duda e incredulidad, esto lo motivará y le dará energía para levantarse en contra tuya.

Nunca hables palabras que motiven a tu enemigo. Tu enemigo creerá cualquier cosa que tú le digas. Si lo alimentas con palabras de fe en su oído, él se desmoralizará, se desilusionará y desanimará. Si tú hablas como una victima, él será movido a ir en contra tuya una y otra y otra vez. "La muerte y la vida están en poder de la lengua, Y el que la ama comerá de sus frutos", (Proverbios 18:21).

Tus palabras de fe influirán el corazón de Dios. "Porque por tus palabras serás justificado, y por tus palabras serás condenado", (Mateo 12:37).

Mientras estás esperando, crea un clima de gratitud y agradecimiento. "Dad gracias en todo, porque esta es la voluntad de Dios para con vosotros en Cristo Jesús", (1 Tesalonicenses 5:18).

Continuamente ora en el Espíritu durante el día. "Orad sin cesar", (1 Tesalonicenses 5:17).

Evita la tentación de crear un plan de respaldo. "...ni deis lugar al diablo", (Efesios 4:27).

Cuando uno de los grandes exploradores vino a América, él quemó los barcos detrás de él y de los soldados. Hizo que el escape fuera imposible. Esto hizo de la exploración una necesidad y requerimiento. Sus hombres no pudieron retroceder. *Tú no puedes planear tu éxito y tu fracaso al mismo tiempo.* Tu éxito requerirá tu enfoque y atención total.

Alimenta, energiza y fortalece las imágenes de tu futuro. Esto desarrolla tu fe. Habla del milagro que viene en camino hacia ti, con todo mundo. Trabaja con tu expectación. La obediencia es siempre *recompensada*. Todo lo que Dios te ha prometido se realizará. "Y vendrán sobre ti todas estas bendiciones, y te alcanzarán, si oyeres la voz de Jehová tu Dios", (Deuteronomio 28:2). Tu vida vivida en santidad produce resultados. "Porque sol y escudo es Jehová Dios; Gracia y gloria dará Jehová. No quitará el bien a los que andan en integridad", (Salmos 84:11).

Tú no estás luchando tu batalla solo. "Pero si en verdad oyeres su voz e hicieres todo lo que yo te dijere, seré enemigo de tus enemigos, y afligiré a los que te afligieren", (Éxodo 23:22).

Rehúsate a abrirte con quien sea que no está en acuerdo con la Palabra de Dios. Cuando Satanás quiere destruirte, él manda una persona a tu vida. "No erréis; las malas conversaciones corrompen las buenas costumbres", (1 Corintios 15:33).

Evita el enfoque roto. *Cuando la gente errónea te habla, tú tomas decisiones equivocadas.*

Cuando cometes un error, considérate a ti mismo ese tanto más cercano a tu Cosecha. "Sostiene Jehová a todos los que caen, Y levanta a todos los oprimidos", (Salmos 145:14). No seas demasiado duro contigo mismo. Las recompensas del cambio están por venir. La paciencia obra.

Vencer involucra más que una batalla. Es el individuo que se rehúsa a claudicar quien gana. Siempre.

Nunca consideres darte por vencido. Nunca. Levántate y trata otra vez. Y, otra vez. Y, otra vez. El infierno teme a un luchador. "Hermanos míos, tened por sumo gozo cuando os halléis en diversas pruebas", (Santiago 1:2).

Mis bendiciones más grandes vienen frecuentemente después de mi más larga espera.

Hace muchos años, yo estaba predicando para un

amigo mío en Columbus, Ohio. Al final del servicio, El Espíritu Santo me dijo que recibiera una ofrenda para el pastor en vez de hacerlo para mi propio ministerio. Bien, yo necesito un milagro desesperadamente. Yo necesitaba finanzas de manera especial para un proyecto que estaba enfrentando. De tal forma que, cualquier Semilla que plantara sería una Semilla de Crisis. (Recuerda que una Semilla de Crisis aumenta su influencia con Dios.) *Es posible que una pequeña Semilla sembrada durante una crisis produzca una mayor Cosecha que una generosa Semilla sembrada en buenos tiempos.*

Así que estuve de acuerdo en dársela al pastor en su totalidad. Entonces El Espíritu Santo hizo una sugerencia que no es usual. Realmente no sentía que fuera una orden sino una *invitación a una inversión*. Recién había recibido un cheque de mis regalías por $8,500. De hecho, era todo lo que tenía a mi nombre. Yo no recuerdo haber tenido más dinero en mi cuenta de ahorros más allá de que lo que traía en ese cheque dentro de mi portafolios.

"¿Cuánto te *gustaría explorar y experimentar,* saber qué puedo hacer con tus $8,500?" El Espíritu Santo habló.

Esto trajo un momento de tormento y tortura. Entonces, calladamente Le respondí en mi espíritu: "Está bien ¡Realmente aprecio estos maravillosos $8,500! Es suficiente Cosecha para mí".

Él habló una *segunda vez*. Oh, cuán agradecido estoy por las segundas oportunidades que Él nos da para tratar una vez más, alcanzar otra vez y plantar otra vez.

"¿Cuánto te gustaría explorar y experimentar, saber qué puedo hacer con tus $8,500?".

Algo dentro de mí hizo una cuidadosa evaluación.

¿Qué podría realmente hacer con $8,500? Ciertamente no era suficiente para liquidar mi casa. ¿Qué podría hacer? Comprar un auto pequeño, o pagar un anticipo en la renta de una casa, o volar a Europa de vacaciones por todo un mes?

Yo decidí creer Su Palabra.

Esa decisión cambió los ingresos de mi vida para siempre. Seis semanas después, Dios me dio una idea que me trajo cientos de miles de dólares de retorno. De hecho, cada 90 días todavía recibo un cheque de regalías por esa idea.

Ahora, aquí está el poderoso principio que debes entender acerca de la espera.

No fue sino hasta después de más de *dos años* que sembré los $8,500 que recibí mi primer centavo de utilidad. Atravesé varias batallas y dificultades. Yo pensé que la idea nunca despegaría del suelo. Pero, despegó. Mi *disposición a esperar* a través de las ocho estaciones de Cosecha valió cada una de esas horas de espera.

Hay quienes quieren plantar el domingo en la mañana en la iglesia y cosechar el lunes en la mañana en su trabajo. Esto ni siquiera es lógico, Escritural o prometido por Dios. "Y seréis aborrecidos de todos por causa de mi nombre; mas el que persevere hasta el fin, éste será salvo", (Mateo 10:22).

Continúa alimentando tu fe durante la dolorosa estación de la espera. "Así que la fe es por el oír, y el oír, por la palabra de Dios", (Romanos 10:17).

Tus estaciones de espera no son estaciones de inactividad. Mucho está pasando. Los Ángeles se están posicionando para ministrar. Los demonios están siendo confrontados. Las estrategias están siendo desarrolladas. Dios está llevando gente a tu vida así como llevó a Booz a la vida de Rut. Nunca creas que una estación de espera es una estación de no hacer nada. *Lo opuesto es la verdad.*

Las estaciones de espera son las estaciones más activas que puede haber en el mundo espiritual.

Recuérdate a ti mismo que el gozo fluye aún en medio del calor de la batalla. "Y vosotros vinisteis a ser imitadores de nosotros y del Señor, recibiendo la palabra en medio de gran tribulación, con gozo del Espíritu Santo", (1 Tesalonicenses 1:6).

No permitas que tu barco de la bendición financiera encalle violentamente en la Roca de la Impaciencia. Miles no han recibido su Cosecha financiera porque se apresuraron, sin tener la voluntad de confiar en el Señor de la Cosecha. "pero los que esperan a Jehová tendrán nuevas fuerzas; levantarán alas como las águilas; correrán, y no se cansarán; caminarán, y no se fatigarán", (Isaías 40:31).

Espera El Tiempo Suficiente Para Que Tu Semilla Produzca Tu Cosecha Deseada.

24
Está Dispuest A Empezar Tu Cosecha Con Una Semilla Pequeña

La Bellotas Pueden Llegar A Ser Robles.
Pero, la mayoría de la gente continúa esperando "que llegue su barco" antes de que comiencen el ciclo de la siembra. Tú debes *empezar con lo que tienes.*

Este Principio para Comenzar es poderoso. Toda larga travesía comienza con un primer pequeño paso. Millonarios empezaron con su primer centavo. Grandes compañías tienen comienzos humildes. *Tú puedes ir a donde quieras ir…si estás dispuesto a tomar los suficientes pequeños pasos.*

Mira a Mary Kay Ash quien ya falleció. Ella tenía solamente unos cuantos miles de dólares y un par de anaqueles de productos. Pero, ella empezó su negocio. Ella se enfocó en su futuro. Al momento de su muerte, ella valía más de $300 millones de dólares, y su negocio valía $2 billones de dólares.

Mira la cadena de hamburguesas McDonald's: De un humilde comienzo, se ha convertido en la cadena de hamburguesas más poderosa sobre la tierra. Comenzó con una pequeña hamburguesa que se hizo popular en el pueblo.

Si te sigues apegando a la Semilla que tienes hoy, nunca llegará a ser una Cosecha. Tú debes estar dispuesto a empezar tu Cosecha con *cualquier cosa que*

Dios ha puesto ya en tu mano. Me senté en un banquete hace muchos años, frustrado. El conferencista me sacudió. Yo desesperadamente quería plantar una Semilla de $1,000 en su ministerio. Yo tenía $10 en mi bolsa. "Señor, yo realmente quisiera poder bendecirlo con un cheque de $1,000", Yo le dije suavemente al Señor.

"Tú tienes $10 en tu bolsa. Plántalos".

"Oh, yo necesito mis $10 esta noche. Pero, si Tú me das $1,000, te prometo sembrarlos"—fue mi respuesta. Mi mente empezó a dar vueltas. "¿Cómo puedo conseguir más dinero para sembrar?" Yo pensé en mi pequeña oficina. En ese entonces era mi pequeño estacionamiento en Houston, Texas. Es ahí donde yo estudiaba, oraba, y también donde yo tenía una fila de anaqueles que contenían todos los productos que había en mi ministerio—un álbum long play. Quinientos de esos álbumes estaban en esos anaqueles. Eso representaba de seis a ocho meses de ventas. Entonces me di cuenta. *"Empieza con lo que ya tienes"*.

Pequeñas bisagras pueden hacer girar puertas enormes. Yo le podía dar esos 500 álbumes. Si los vendiera a $6.00 cada uno, él ganaría $3,000 para su ministerio. Yo tomé la decisión. "Hermano, yo quisiera tener mucho para darte. Yo quería haber podido escribir un cheque de $1,000, pero mi ministerio apenas está empezando. Yo tengo 500 álbumes discográficos. Si tú los recibes de mi, puedes ponerlos a la venta en tus campañas. Si los vendes a $1 cada uno, sería una Semilla de $500. Si los vendes en $6, tendrás $3,000 para tu ministerio". (¡Pensé que le tenía que explicar!)

Pasaron doce meses. Un día mientras estaba sentado en Nairobi, Kenya, en la casa de un misionero, el correo llegó. Era una nota escrita a mano de un ministro prominente de la televisión: "Mike, escuché tu álbum. Yo quiero comprar 40,000 de ellos y venderlos a través de mi programa de televisión. Por favor envíame rápidamente 40,000 álbumes. Te voy a mandar el cheque la próxima semana". Yo grité por todo el cuarto.

¡Las utilidades me permitieron comprar un hermoso Lincoln Town Car en efectivo! Esto lanzó una estación diferente en mi ministerio. Yo estaba al aire cada vez que iba de camino a una campaña. ¿Por qué? *Yo empecé con lo que tenía en mi mano.*

La semana pasada, una mujer me mandó un cheque de $5. Ella estaba avergonzada. Ella dijo: "Estoy tan avergonzada por enviar un cheque tan pequeño, pero es todo lo que tengo". Estaba leyendo su carta como a las 2.00 de la mañana después de haber llegado de una enorme reunión. Mi corazón estaba tan sacudido. Lo ves, lo que ella estaba plantando era *suficiente para impresionar a Dios.*

Él sabe qué *tanto* tienes.

Él sabe qué tan *poquito* tienes.

Tu obediencia asegura Su atención.

No tienes que expedir un enorme cheque para Dios por $100,00 para que mueva Su mano hacia ti. Tú simplemente tienes que obedecer la voz interior de El Espíritu Santo con *cualquier cosa que poseas actualmente.*

¿Recuerdas la imagen increíble de la viuda? "Estando Jesús sentado delante del arca de la ofrenda, miraba cómo el pueblo echaba dinero en el arca; y muchos ricos echaban mucho. Y vino una viuda pobre, y echó dos blancas, o sea un cuadrante. Entonces llamando a sus discípulos, les dijo: De cierto os digo que esta viuda pobre echó más que todos los que han echado en el arca; porque todos han echado de lo que les sobra; pero ésta, de su pobreza echó todo lo que tenía, todo su sustento", (Marcos 12:41-44).

Ella empezó su Cosecha con lo que tenía.

Yo he sembrado joyería, autos, prendas de vestir en la vida de otros. He plantado cientos de miles de libros y CD's como Semillas especiales. Lo ves, todo lo que tienes es una Semilla.

Si tú la conservas hoy, esa es tu Cosecha. Pero si la sueltas, se convierte en una Semilla.

Lo que posees actualmente es una Semilla solamente si la siembras en la tierra. Cuando la mantienes en tu mano, se convierte en la única Cosecha que jamás tendrás. Mira alrededor de ti. ¿Hay una pieza de tu mobiliario que la viuda necesite en su casa? ¿Podrías servir como voluntario en tu iglesia local? Esa es una Semilla.

Empieza con lo que tienes.

Tú eres un almacén caminante de Semillas. Tienes más dentro de ti de lo que te podrías imaginar jamás. Pero, debes tomar el tiempo para hacer un inventario de todo lo que Dios te ha dado. No permitas que tu orgullo te robe una oportunidad de plantar una Semilla. Cuando se pase la charola de la ofrenda, aún si solamente tienes $2.00 en tu bolsa—plántalos.

Consigue empezar tu Cosecha.

Como padre, enseña a tu hijo la importancia de sembrar algo *consistentemente* en la obra de Dios. Así sean diez o veinticinco centavos. Pero tú crearás un fluir y un río de Cosecha que sobrepasará todo ataque en contra de tu vida.

Millones están esperando más. Ellos se rehúsan a empezar su Cosecha con una Semilla pequeña. Esta es una de las razones que nunca reciben todo lo que Dios quiere enviarles. "Y aunque tu principio haya sido pequeño, Tu postrer estado será muy grande", (Job 8:7).

Lo que tienes creará cualquier otra cosa que tú *quieras—si lo siembras.*

25
Evalúa El Suelo

La Calidad Del Suelo Afecta El Crecimiento De La Semilla.

Por eso Jesús nunca invirtió tiempo en persuadir a los fariseos. Él era el Hijo de Dios. Él lo sabía. Era *su* responsabilidad el *discernirla*. Él sabía que ellos eran, "¡Insensatos y ciegos! porque ¿cuál es mayor, el oro, o el templo que santifica al oro?", (Mateo 23:17).

Si, Él tomó tiempo para ir a casa con el recolector de impuestos, Zaqueo. Lo ves, Él discernió suelo *digno* de Su atención y Su tiempo.

Dos ladrones fueron crucificados además de Cristo. Uno recibió misericordia. Uno no la recibió. ¿Por qué? El ladrón que creyó en la Divinidad de Jesús lo buscó. Jesús respondió. *Ambos* ladrones tenían necesidades. *Ambos* necesitaban el milagro de la salvación. Pero, Jesús tomó el tiempo de responder al que Lo buscó. Él *era buena tierra.*

Jesús enseñó la importancia de observar la *calidad de la tierra*. "Oíd: He aquí, el sembrador salió a sembrar; y al sembrar, aconteció que una parte cayó junto al camino, y vinieron las aves del cielo y la comieron. Otra parte cayó en pedregales, donde no tenía mucha tierra; y brotó pronto, porque no tenía profundidad de tierra. Pero salido el sol, se quemó; y porque no tenía raíz, se secó. Otra parte cayó entre espinos; y los espinos crecieron y la ahogaron, y no dio fruto. Pero otra parte cayó en buena tierra, y dio fruto, pues brotó y creció, y produjo a treinta, a sesenta, y a ciento por uno", (Marcos 4:3-8).

Rehúsate a sembrar Semilla en la vida de un nodador. Supongamos que tienes un yerno que necesita apoyo financiero. ¿Qué haces? ¿Le das el dinero? O, ¿le ayudas proveyéndole la *oportunidad* para que lo *gane?* Hay una gran diferencia. Una dama se acercó a mí una noche después de una reunión y me habló de una mala situación que tenía. Su yerno y su hija se habían estado quedando con ella por varias semanas. "Me siento tan mal por ellos. No tienen trabajo. Necesitan dinero. Realmente están atravesando una gran prueba financiera esta vez"—me dijo en lágrimas.

"Pero, ¿qué hace él todos los días en su casa?"

"Bueno, pues, ellos generalmente duermen hasta las 10:00 más o menos. Entonces, ven la televisión. Ellos están esperando que se abran las puertas"—ella explicó.

"¿Su hija prepara su comida mientras usted se va a trabajar todo el día?"—le pregunté.

"Oh no. ¡A ella no le gusta cocinar!"

"¿Su yerno le lava los platos, limpia su casa o ha encerado su auto, podado el pasto mientras usted se ha ido a trabajar estos días?"

"Bueno, él está un poco deprimido por ahora. Él no se siente como con ganas de ir a trabajar. Y, de cualquier manera odio tener que preguntarle"—fue su respuesta. Le mostré en la Escritura los mandamientos que Pablo escribió a la iglesia en Tesalónica. "Y revestido del nuevo, el cual conforme a la imagen del que lo creó se va renovando hasta el conocimiento pleno", (2 Tesalonicenses 3:10). Él le llamó a quienes no trabajaban "desordenados", (versículo 11).

El Apóstol Pablo nos instruyó que evitáramos tener que convivir o tener amistad con aquellos que se rehúsan a ser productivos. "Y sobre todas estas cosas vestíos de amor, que es el vínculo perfecto", (2 Tesalonicenses 3:14).

Ahora, una persona floja no es necesariamente tu enemigo. Pero, su improductividad tiene que hacerse notar, confrontarla, señalarla y penalizarla. (Ve 2 Tesalonicenses 3:15.)

Ellos son tierra improductiva.

Rehúsate a sembrar Semilla en una iglesia que está en contra de la bendición financiera. ¿Por qué apoyaría a cualquier ministerio que está en rebelión directa con las Leyes de la Provisión conforme a la Escritura?

"Bueno, Mike, yo no tengo trabajo".

"Bueno, quizá quieras definir eso un poquito diferente, ya que Dios ha prometido solamente 'bendecir toda la obra de tu mano'", "Te abrirá Jehová su buen tesoro, el cielo, para enviar la lluvia a tu tierra en su tiempo, y para bendecir toda obra de tus manos. Y prestarás a muchas naciones, y tú no pedirás prestado", (Deuteronomio 28:12). Lo ves, tú puedes encontrar trabajo. Cualquier persona puede encontrar algún tipo de trabajo. Quizá no pague $40 por hora al principio. Quizá no sea la cosa más fácil que hayas hecho. Pero, trabajo hay dondequiera que tu mires en la vida.

Rehúsate a sembrar Semilla en alguien que no es enseñable.

"Realmente necesito ayuda. No podemos pagar nuestras cuentas. ¿Nos puede ayudar esta vez?", uno de mis parientes me preguntó con determinación un día.

"Sentémonos. Quiero revisar tus finanzas contigo"—repliqué. "Dame una lista de lo que debes. Muéstrame qué estás haciendo para ganar dinero. Te voy a dar algún consejo, y si lo sigues, consideraré invertir en ti".

¡Él dijo que no tenía tiempo! Piensa en eso. Él dijo

que no tenía suficientes deseos de progresar para ni siquiera facilitarme una lista de sus facturas y tener una sesión de consejería conmigo. Él no estaba calificado para recibir ninguna Semilla. *Esa es mala tierra.* "Pobreza y vergüenza tendrá el que menosprecia el consejo; Mas el que guarda la corrección recibirá honra", (Proverbios 13:18).

Busca la buena tierra continuamente. Ahora, hay mucha gente cerca de ti que es buena tierra. Cientos de ministerios merecen nuestra mejor siembra-de-Semilla. Mira alrededor de ti. Evalúa. Observa a aquellos que son productivos alrededor de ti. Booz así lo hizo cuando vio a Rut. Él instruyó a sus siervos que le facilitaran el asegurar una Cosecha, "puños de propósito".

Yo amo sembrar Semilla en ministros jóvenes. Lo ves, ellos están vaciando sus vidas en el evangelio. Algunos han dejado buenos trabajos y promesa de fortuna para ayudar que vidas quebrantadas sean sanadas. No tienen las recompensas de momentum, ni grandes reputaciones establecidas todavía. Yo creo que esto produce gran fruto.

Yo amo enviar dinero a ministros que están extendiendo este evangelio de provisión. Yo conozco su guerra espiritual. Ellos son despreciados por el mundo, malentendidos por la iglesia, y combatidos por aquellos que no entienden el mensaje de prosperidad. Así que, yo quiero proveerles Semilla para guardar este mensaje de Cosecha sobrenatural accesible.

Amo sembrar Semilla en ministerios probados. Ellos han luchado una buena batalla. Ellos han guardado la fe. Ellos han perdurado. La persistencia debe ser honrada. "Mike, cada vez que yo planto una Semilla en tu ministerio algo maravilloso pasa en mi ministerio"—me explicaba un ministro recientemente. Bien, yo aprecio realmente esta declaración, pero me sentí un poco apenado. Él continuó. "Mike, realmente hay una diferencia cuando yo siembro Semilla en *buena tierra*. Parece que mi Cosecha viene rápidamente, con gran excelencia y yo me siento en paz respecto a mi siembra-de-Semilla".

Siembra Semilla en *quienes te han ayudado.*

Siembra Semilla en *aquellos que te han dado consejo sabio y corrección.*

Siembra Semilla en la vida de aquellos que han permanecido *leales y fieles.*

Siembra Semilla en aquellos que están *dispuestos a trabajar, a trabajar duro y a vaciar sus vidas por causa del evangelio.* "No nos cansemos, pues, de hacer bien; porque a su tiempo segaremos, si no desmayamos", (Gálatas 6.9).

Muchos no están escogiendo cuidadosamente el suelo donde siembran su Semilla. Esa es una de las razones ellos no cosechan los cien tantos más de retorno que Dios quiere que experimenten.

Oremos:
"Padre, ¿dónde debería sembrar? Revela la tierra que producirá. Muéstrame...Yo no desperdiciaré ninguna Semilla en tierra improductiva. En el nombre de Jesús'. Amén".

≈ 1 Corintios 16:2 ≈

"Cada primer día de la semana cada uno de vosotros ponga aparte algo, según haya prosperado, guardándolo, para que cuando yo llegue no se recojan entonces ofrendas".

26
Siembra Consistentemente

Cuando Tú Siembras Consistentemente, Tu Cosecha Se Volverá Continua.

Cuando siembras inconsistentemente, Tu Cosecha se volverá errática. Hace muchos años yo hablaba con una pareja joven después del servicio. Ellos estaban profundamente agitados. Desilusionados. Culpando a Dios de todo lo que sucedía en su vida. Cuando toque el tema del diezmo y la siembra ambos brincaron con indignación.

"Ya hemos tratado eso. No funcionó para nosotros".

Es algo peligroso llamarle a Dios mentiroso.

Esto demuestra una falta del temor de Dios.

Esto revela orgullo y arrogancia. Cuando le dices deliberadamente a otros que has obedecido la Escritura y que la Palabra de Dios no funcionó para ti, es algo peligroso y que provoca temor.

"Me gustaría ver el talonario de sus cheques en algún momento"—yo replique. "Me gustaría ver la *consistencia* de su diezmar. Esto es sumamente importante. Si han diezmado y han sembrado Semilla continuamente durante varios meses, a través de varias estaciones, esto necesita ser validado. Porque el Dios que yo sirvo no es un mentiroso. Él dijo que abriría las ventanas de los cielos sobre ti. Así que si se te han pasado algunas semanas sin diezmar, tu Cosecha vendrá errática e impredecible".

Ellos tartamudearon. Entonces, ellos admitieron que solamente habían "tratado de diezmar" unas cuantas veces. No era una rutina y un esquema de su vida. No era su estilo de vida.

Observa las estaciones. Ellas son predecibles; el invierno, la primavera, el verano y el otoño crean tal regularidad que nosotros construimos nuestras vidas alrededor de las leyes de esta tierra.

Me senté en un seminario notable hace muchos años en Madrid, España. El científico estaba explicando la distancia y las complicaciones involucradas en el aterrizaje de un cohete en la luna. Él declaró que el aterrizar un cohete en la luna requería tal precisión que era el equivalente a un hombre que *dispara un mosquito a seis millas de distancia con un rifle.* Alguien preguntó ¿cómo sería posible hacer tal cosa?

"Las leyes. El universo entero tiene leyes específicas que pueden ser descubiertas cuando tú operas con las Leyes del Universo. Tú puedes predecir a donde exactamente se puede enviar un cohete"—él explicó.

Él escritor milenario lo dijo muy claro: "Todo tiene su tiempo, y todo lo que se quiere debajo del cielo tiene su hora. Tiempo de nacer, y tiempo de morir; tiempo de plantar, y tiempo de arrancar lo plantado; tiempo de matar, y tiempo de curar; tiempo de destruir, y tiempo de edificar; tiempo de llorar, y tiempo de reir; tiempo de endechar, y tiempo de bailar; tiempo de esparcir piedras, y tiempo de juntar piedras; tiempo de abrazar, y tiempo de abstenerse de abrazar; tiempo de buscar, y tiempo de perder; tiempo de guardar, y tiempo de desechar; tiempo de romper, y tiempo de coser; tiempo de callar, y tiempo de hablar; tiempo de amar, y tiempo de aborrecer; tiempo de guerra, y tiempo de paz", (Eclesiastés 3:1-8).

Debes aprender el poder del ritmo, la rutina y la consistencia. Es importante establecer esto en tu siembra y cosecha. Reconoce que tu vida es un ciclo continuo e interminable de siembra y cosecha, de dar y recibir. Trabaja con este ritmo. No vayas en contra de el. La naturaleza tiene un patrón. Tú te puedes oponer a el, odiarlo y despreciarlo. Pero, la única manera de cosechar los beneficios y las recompensas es observar y cooperar con el.

Crea un horario personal para sembrar Semillas en la obra de Dios. El Apóstol Pablo entendió este principio "En cuanto a la ofrenda para los santos, haced vosotros también de la manera que ordené en las iglesias de Galacia. *Cada primer día de la semana* cada uno de vosotros ponga aparte algo, según haya prosperado, guardándolo, para que cuando yo llegue no se recojan entonces ofrendas", (1 Corintios 16:1-2).

La cosecha no sigue a la siembra.

La espera sigue a la siembra.

Tú siembras. Tú esperas. Tú cosechas.

Así que, para que experimentes el ingreso de una Cosecha continua, debe de haber una *continua siembra de Semilla* para conformar las estaciones de la espera. Mientras la tierra exista, las estaciones existirán. "Mientras la tierra permanezca, no cesarán la sementera y la siega, el frío y el calor, el verano y el invierno, y el día y la noche", (Génesis 8:22).

4 Razones Por Las Que La Gente Se Rehúsa A Sembrar Consistentemente

1. Algunos Se Rehúsan A Sembrar Consistentemente Porque Su Fe Y Su Confianza En Dios Fluctúa. Cuando ellos escuchan a un hombre de Dios con una unción específica, ellos son movidos a responder. Mientras ellos se sientan bajo la unción, la fe se aviva dentro de ellos. Ellos se emocionan. Su fe es vibrante. Su confianza en Dios es renovada. La fe requiere acción. *Es casi imposible sentarse bajo un hombre de Dios que desata el fluir de la fe y no plantar una Semilla.* De hecho, es una condición peligrosa y trágica si tú alguna vez llegas al lugar donde te puedes sentar bajo esa clase de unción y cerrar tu corazón a eso. Así que, poder responder al *llamado de fe dentro de ti,* es solamente natural. Algunos se burlan de esto. Ellos desprecian y menosprecian esto.

Ellos le llaman "dádivas emocionales".

Casi no los entiendo. Si Dios pone una fe en tu corazón para plantar una Semilla, es Su naturaleza levantarse fuerte dentro de ti.

Ese deseo de dar no *puede ser satánico.*

Ese deseo de dar no *puede ser humano.*

El deseo de dar es *la naturaleza de Dios Mismo.*

Algunas personas, unos cuantos días después de que han estado en la presencia de Dios y Su unción, participan en conversaciones con aquellos que carecen de fe. Críticos, Burlones, Los temerosos.

"Estás loco si le diste una ofrenda a ese predicador. ¿No te das cuenta que él solamente se va a comprar un auto hermoso y ropa lujosa con tu diezmo y ofrenda?" se burlan las personas impías del creyente lleno-de-fe.

Esta clase de declaraciones envenenan su mente. Su corazón se empieza a confundir. La frustración espiritual se establece. Dejarás la Arena de la Fe y entrarás en el *drenaje del debate humano.*

Es la manera más rápida de perder tu Cosecha. Lo ves, tu Cosecha requiere fe, no meramente una Semilla. Tu Semilla es lo *que* tú siembras.

Tu fe es el *por qué* Él lo multiplica.

Dios responde a tu Semilla *porque está envuelta con fe.* Él quiere que le creas. Él responde a la fe *dondequiera que Él la encuentra.* Inclusive un pecador conseguirá un milagro *cuando él cree.* Esto pasó continuamente en las reuniones de Katherine Kuhlman. Ella preguntaba: "¿Eres Cristiano?"

"No", venía la dudosa respuesta.

¿Por qué sanaría Dios a un pecador? La Fe. "¿Es, pues, esta bienaventuranza solamente para los de la circuncisión, o también para los de la incircuncisión? Porque decimos que a Abraham le fue contada la fe por justicia", (Romanos 4:9). "Mas ¿qué dice? Cerca de ti está la palabra, en tu boca y en tu corazón. Esta es la palabra de fe que predicamos", (Romanos 10:8).

Por lo tanto, no esperes que un ser querido tuyo que no es salvo, que es rebelde e impío se emocione cuando siembras una Semilla en la obra de Dios. Ellos ni siquiera aprecian el Calvario todavía. Jesús no es importante para ellos. Se burlan de las Escrituras. Están encerrados en los tentáculos del infierno, como un pulpo. Ellos pueden comprar su licor, cigarros y jugar en los Casinos. Pero, cuando ellos descubren que su madre, viuda le dio dinero a un predicador, su furia hará erupción como un volcán.

Rehúsate a su intimidación y burla.

Las opiniones de tus amigos influirán en ti, por lo tanto ten cuidado. Es importante. Esto es normal. Sin embargo no esperes que alguien que no responde a El Espíritu Santo, alguien que es rebelde hacia los principios de la Palabra de Dios entienda tu siembra de Semillas para extender este glorioso evangelio.

La duda no es la única razón por la que nos rehusamos a sembrar con regularidad. He sabido de mucha gente que se enoja con el predicador y *retiene su diezmo.* "Cuando mi pastor hace algo que me molesta, yo simplemente retengo mi diezmo"—dijo una señora con fervor y enojo. "¡Dios entiende!"

Debes saber que Él entiende. tu desdén, ingratitud e inmadurez. Tú no lastimas a tu pastor cuando retienes el diezmo. Tú no has parado la marcha militante y victoriosa de la iglesia hacia la victoria reteniendo tu diezmo.

Tú has destruido la línea de provisión para tu propia familia. Tú has creado estaciones de devastación en tu futuro. Te has comportado como un tonto. Satanás alimentó una mentira en ti. El puso la carnada y como pez ignorante, mordiste el anzuelo.

2. Algunos Detienen La Siembra Consistentemente Porque Ellos Quieren Usar El Dinero Para Algo Especial Que Ellos Quieren Comprar. Se proponen pagarlo. Llega el pago del auto. Ellos ven un refrigerador que quieren comprar. De esta manera, ellos se convencen a sí mismos de *utilizar el diezmo* esa semana para uso personal. *Es el camino más rápido para un suicidio financiero.*

No puedes permitirte *tocar* lo que le pertenece a Dios.

No puedes permitirte *guardar* lo que le pertenece a Dios.

Es una mentira de Satanás diseñada para manipularte al punto de llevarte a la devastación y eliminación financiera. Satanás te odia y te desprecia. El desprecia el fluir de la bendición en tu vida. Ese es el por qué el estaba tan enojado por las bendiciones de Job.

Cualquier cosa que Dios *ama* es cualquier cosa que satanás *odia*. Cualquier cosa que Dios *bendice* es algo que satanás *maldice*.

3. Otros No Siembran Con Regularidad Simplemente Porque Ellos Dan Conforme Ellos Sienten Hacerlo. Si yo diera solo cuando siento hacerlo, no daría muy frecuentemente. Lo ves, mis propias necesidades frecuentemente me abruman.

Cuando yo miro un montón de recibos de radio y televisión, puedo fácilmente perder el "sentir" de ir y bendecir la obra de Dios. De hecho, justo vi un presupuesto para reparar mi techo. Mi casa había tenido goteras desde hacía varias semanas, y he había estado muy ocupado para mandar repararlas. (¡O quizá yo no quiero pagar por eso!). De todos modos, cuando vi el costo increíble de un nuevo techo en mi casa de techo plano, yo perdí todo sentir y deseo de expedir un cheque para la obra de Dios. Es lo último que yo "sentía hacer". No puedes permitirte sembrar conforme *te sientas.*

Debes enfocarte en la regularidad. "Por la mañana siembra tu semilla, y a la tarde no dejes reposar tu mano; porque no sabes cuál es lo mejor, si esto o aquello, o si lo uno y lo otro es igualmente bueno", (Eclesiastés 11:6). Aprende a sembrar en muchos ministerios, no solamente uno "El sabio, aunque pobre, llevará alta la frente y se sentará con la gente importante. No alabes a nadie por su belleza, ni desprecies a nadie por su fealdad", (Eclesiastés 11:1-2). Dios Habla Hoy.

Me gusta la versión King James de este también. "Echa tu pan sobre las aguas; porque después de muchos días lo hallarás. Reparte a siete, y aun a ocho; porque no sabes el mal que vendrá sobre la tierra", (Eclesiastés 11:1-2).

4. Algunos No Siembran Con Regularidad Porque Ellos Están En Crisis Continuas. Cuando la crisis viene, ellos dejan de dar. Cuando la bendición llega, entonces ellos siembran. Si siembras de acuerdo a tus circunstancias solamente, *sembrarás inconsistentemente.* "El que al viento observa, no sembrará; y el que mira a las nubes, no segará", (Eclesiastés 11:4).

Millones seguirán en pobreza porque se rehúsan a entrar al Milagro de la Siembra Consistente.

≈ 2 Corintios 9:6 ≈

"Pero esto digo: El que siembra escasamente, también segará escasamente; y el que siembra generosamente, generosamente también segará".

27
Siembra Proporcionalmente A La Cosecha Que Deseas

El Tamaño De Tu Siembra Determina El Tamaño De Tu Cosecha.

El Apóstol Pablo hizo esto claro, "Pero esto digo: El que siembra escasamente, también segará escasamente; y el que siembra generosamente, generosamente también segará", (2 Corintios 9:6).

Nunca olvidaré una experiencia en el Noreste. Una señorita de complexión gruesa fue hacia mí después del servicio.

"Yo creo que Dios me va a hacer millonaria. Y, yo creo que será dentro de 12 meses. Aquí está mi Semilla para que eso suceda." Ella puso algo en mi mano. Yo la miré y dije: "Yo creo que Dios está contigo".

Después ella se fue, yo abrí mi mano. Yo tenía un billete arrugado de un dólar. *Un billete de un dólar.*

Ahora, allí no había nada equivocado con sembrar una Semilla pequeña. *Todas las cosas deben tener un punto de partida.* Jesús elogió a la mujer que dio una ofrenda pequeña—porque *era todo lo que ella tenía.* Él dijo que ella dio más que cualquier presente en ese día. Pero, Jesús no dijo que su pequeña ofrenda fuera necesaria para hacerla *millonaria.* Como puedes ver, tu Semilla debe ser comparable a la Cosecha hacia la que estás sembrando.

Tú no puedes plantar una Semilla de Chevrolet y que la Cosecha produzca un Rolls Royce. Esto es lo que Pablo estuvo enseñando. Si tú siembras poco, tú

Cosecharás. Pero, no será una gran Cosecha. *Será proporcional a tu Semilla.* (Lee 2 Corintios 9:6). Millones no han comprendido esto. Ellos continúan enrollando billetes de a dólar, ofrendándolos a gotas y esperando que nadie los observe. Todavía, ellos están escribiendo sus peticiones de oración y esperando Cadillacs, yates y casas de un millón de dólares.

Tú puedes *empezar* con una Semilla pequeña. Cuando Dios empieza a bendecir esa pequeña Semilla, *tu debes incrementar el tamaño de la Semilla si tu quieres que la Cosecha aumente.*

Permíteme que te de un ejemplo. Si tu vienes y me dices "Mike, Realmente necesito una casa. Mi familia está creciendo. Tengo tres niños. Justo ahora, mi esposa y los tres niños están viviendo en un pequeño apartamento de dos recámaras. Esto es insoportable. Nosotros ni siquiera tenemos un refrigerador, ni un auto. ¿Qué debería hacer?"

Primero, Yo no te diré que plantes una Semilla de $5 y que estés queriendo una casa de $100,000. Yo debería animarte a trabajar con varios niveles de fe delante de ti. *Un paso a la vez.*

Obviamente, tú no has estado operando con gran fe o tú no deberías estar en esta clase de situación.

Tu fe ha sido *escasa.*

Tus Semillas *no* han sido plantadas.

O, la paciencia es un ingrediente necesario para esta temporada.

Yo pregunto. "¿Cuál Es la mejor Semilla que tú puedes sembrar para este tiempo? ¿Qué clase de fe está operando ahora en ti? "

Tú contestas "¡Oh, yo tengo $50 que quiero plantar!".

Y te contestaría, "Maravilloso. Ahora, vamos a enfocar la Semilla en un automóvil comparable a esta

Semilla. No pedirás un automóvil de $20,000 de una Semilla de $50. Esto es cuatro veces superior al porcentaje prometido de Marcos 10:28-30. Obviamente, tú no estás acostumbrado a plantar Semillas, a través de tu fe, ni siquiera trabajando con las leyes de la paciencia y la esperanza."

"*Pídele a Dios algo que no puedas dudar.* Luego, planta una Semilla comparable a la Cosecha en la que tienes fe. Tú debes separar tus deseos de tu fe. Tú debes separar tu fantasía de tu fe".

Ahora, muchos no entienden el *Principio del Progreso*. Línea sobre línea. Precepto sobre precepto. Un poco aquí y un poco allá. Es una estación de "crecimiento" en tu vida cristiana.

Ese es el mismo principio en el ámbito financiero de tu vida. ¿Por qué es esto tan importante? Cuando siembras una Semilla de $2 dólares hacia algo que está fuera de balance, estarás decepcionado, desalentado y desilusionado. Tú estarás enojado con Dios. Tú dirás, "¡Yo planté una Semilla y no se multiplicó!"

Quizá se esté multiplicando. Quizá, el billete de $100 dólares que tú tienes en tu cartera fue producido por la Semilla de $2 dólares. Pero, tú no te das cuenta porque tú querías una Cosecha de $20,000 dólares.

Tú debes aprender a moverte de gloria en gloria.

Yo hablé una noche acerca de un milagro increíble en mi vida. Yo estaba sentado en un hermoso mustang convertible. Verde azuloso y toldo blanco. Estupendo. Tenía escrito "diversión" ¡en todo el auto!

"Justamente compré ese auto en esa semana", mi amigo explicó. "Sin embargo, Yo decidí que quería un Jeep en su lugar. ¿Tu piensas que quieres comprarme este auto?"

"¡Yo pienso que puedo!" fue mi respuesta.

Al siguiente día, fuimos a ponerle gasolina.

Después de llenar el tanque, se fue a pagar la cuenta. Yo empecé a orar en el espíritu. De repente, yo empecé a sentir que *la fe aumentaba en mi* para que el sembrara esto como una Semilla en mi vida. Ahora, eso suena un poquito loco. Pero, yo empecé a orar intensamente. Cuando nosotros regresamos en el auto, él me miró. El movió su cabeza hacia ambos lados y dijo, "¿Realmente te gusta este auto?"

"*Amo* este auto", dije efusivamente.

"Tu ministerio me ha conmovido y bendecido, Me He estado preguntando cómo podría bendecirte". El me dio las llaves con una sonrisa. El auto era mío. *Gratis.* Un regalo increíble que permanecería en mi corazón por siempre.

Entonces, después cuando estuve en una cruzada, yo compartí esta historia. Yo les dije a todos y cada uno que iba a orar porque el manto de favor viniera a sus vidas. Expliqué que *un día de favor valía más que cientos de días de labor.* Cuando Dios quiere bendecirte, Él pone a alguien cerca de ti que cuide de ti y tus necesidades.

Un joven se acercó a mí después de la iglesia un poquito disgustado. Agitado. Frustrado.

"Yo hice eso y no funcionó", el explicó. "Yo planté una Semilla hace varios meses y nunca me han dado un auto. Yo necesito transportarme. ¿Porqué no funcionó para mí?"

Le pregunté. "¿Has *sembrado* un auto en la vida de alguien más?"

"No, no lo he hecho", respondió indeciso y reacio. Le expliqué *"Yo si.* Es por que mi fe trabaja para mí. Yo había sembrado un auto y tenía el derecho y capacidad de esperar que *regresara a mi".*

No puedes esperar que la fe traiga a tu vida lo que tu vida no ha enviado por fe.

Tú solo tendrás la fe de llamar hacia tu vida algo que tú has sembrado.

Ahora, hay hermosos momentos de misericordia y gracia donde Dios te permite tener alguna cosa que tú has dado—dinero o cualquier cosa, una pieza de joyería—y Él usará eso como una imagen de tu fe para una diferente clase de Cosecha. Yo he visto que pasa muchas, muchas veces. Pero, tu fe *trabaja más y mucho más fuerte* cuando tú has sembrado una Semilla comparable a la Cosecha que tú deseas.

Cuando estás dispuesto a trabajar con los diferentes niveles de tu fe y sembrar Semillas proporcionalmente, te sorprenderán los cambios que sucederán en tu prosperidad financiera.

2 Crónicas 20:20

"Creed en Jehová vuestro Dios, y estaréis seguros; creed a sus profetas, y seréis prosperados".

28
Nunca Te Rebeles En Contra De Una Indicación De Un Libertador Financiero Que Dios Ha Ungido Para Desatar Tu Fe

Los Momentos De Fe Son Momentos De Milagros.
Observa a Elías. Él vio el rostro angustiado de la viuda atormentada de Sarepta. ¿Te es posible imaginar la profundidad del dolor en el que su alma estaba inmersa? Ella había visto cómo se demacraba su hijo. Ella había emprendido una larga y lenta marcha a la tragedia. Su problema no era el que su auto se le hubiera descompuesto. Su problema no era no haber podido pagar el abono de su casa a tiempo. Su sueño financiero no era el adquirir unas pocas "prendas de ropa nueva".
Ella tenía un alimento entre ella y la muerte.
¿Es esta la clase de crisis que te inspira para dar? Difícilmente. Ese es el tipo de momento que inspira a *acaparar*. Estás enojado. Estás triste. Sientes dolor. Tú no quieres oír a ningún predicador hablar de "sembrar una Semilla". De hecho cualquier plática acerca de las ofrendas enfurecería y encolerizaría a una persona en este tipo de crisis. Sería normal que ella le dijera a Elías: "Si tuvieras el corazón de Dios, tú deberías estar dando a los pobres en vez de estar pidiéndome dinero.

Si realmente conocieras a Dios, tú deberías estar trayéndome algún alimento, en vez de un sobre para la ofrenda".

Ella tendría toda razón de cuestionar su calidad como hombre de Dios. ¿Dónde estaba su sensibilidad? ¿Dónde estaba su compasión como prueba de que le importaba?

La prueba de que a él le importaba era el rehusarse a empantanarse y regodearse simpatizando con ella en autocompasión y lástima.

Él alimentó su fe, no su autocompasión. Ella tenía toda la razón para cuestionarlo, pero, no lo hizo. Ella tenía algo que pocos *tienen—la capacidad de reconocer a un hombre de Dios cuando se le presentó.* Ella tuvo la habilidad de escuchar un reto en vez de criticarlo.

Cuando Dios Te Ama Lo Suficiente Para Asignarte A Un Hombre De Dios Para Desatar Tu Fe, Tú Debes Reconocerlo Como El Momento Para Tu Milagro.

Yo tuve una experiencia misteriosa y problemática hace algunos años. Ocurrió en una de mis Conferencias Mundiales de Sabiduría. Jamás lo olvidaré mientras viva. Alguien me pasó una nota que decía: "Un ministro aquí se siente guiado para levantar una ofrenda para su ministerio".

"No, yo había recibido ya una. Este no es el momento", repliqué. Una de mis amigas más cercanas, Nancy Harmon, vino y se paró a mi lado y susurró:

"Mike, este hombre realmente quiere levantar una ofrenda. Él siente que Dios le ha hablado a él específicamente en este preciso momento para levantar una ofrenda".

"No, Nancy. Yo soy aquí el anfitrión, y yo en realidad no siento a Dios en esto en lo absoluto".

En cuestión de minutos, nuestro amigo evangelista se acercó a mí. Había lágrimas en sus ojos y en su rostro. Él está agitando su cabeza. "Hermano, yo debo levantar una ofrenda para su ministerio".

Eso me molestó. Casi me alteró y me encolerizó. Nadie quiere ser guiado por el Espíritu Santo más que Mike Murdock. Yo soy más sensible de lo que nadie pudiera imaginar. (¡Cualquiera que ha escrito 5,000 canciones es sensible!) Yo sencillamente jamás sentí el "viento de Dios" soplando en *ese* servicio para las finanzas. *Yo tenía un plan diferente* para recibir una ofrenda después por la noche. Yo acababa de recibir una ofrenda momentos antes.

Pero, yo no podía dudar que él era un hombre de Dios.

Su vida era la prueba de ello. Hombre probado de Dios, a quien se le tenía como un evangelista con credibilidad. Miles de personas habían recibido a Jesucristo por medio de él. Él era dinámico. Buen orador. Era verdaderamente obvio que él llevaba sobre su vida el Manto de bendición financiera.

Entonces, le di el micrófono. Sentí tanto frío como en Alaska, pero estuve discretamente cerca. Él lloró. Todo mundo lloró. La ofrenda se recibió. Mucha gente se apresuró hacia el frente. Ellos llevaban cheques por $1,000.00 dólares y muchos otros venían con promesas de fe. *Yo jamás sentí a Dios en esto*. Aún hasta ahora, cuando recuerdo esos momentos, yo jamás "sentí" a Dios en ningún momento durante la ofrenda. Sin embargo, todo mundo recibió bendiciones increíbles y felicidad. Llegaron testimonios con relación a ese servicio. Se recibieron más de $100,000.00 dólares en ofrendas y promesas para nuestro ministerio para comprar tiempo aire en televisión. *Sin embargo, estuve en la presencia del hombre de Dios y no sentí absolutamente nada.*

Pero, Dios me *requirió* que confiara en Su hombre, independientemente de que lo sintiera o no. Si yo me hubiera rehusado a confiar en el reto de un hombre de Dios, mis socios hubieran perdido sus Cosechas. Mi ministerio hubiera perdido $100,000.00 dólares para comprar tiempo aire en televisión. Las facturas se hubieran quedado sin pagar. Oh, a veces me pregunto ¿cuánto se habrá perdido a través de nuestra *falta de disposición para aceptar al hombre que Dios nos manda?*

Si tú pudieras ver cuánta bendición financiera ha sido perdida a causa de los momentos que decidiste dejarte ir por tus sentimientos, se enfermaría tu corazón. Si Dios te repasara la voz de cada hombre de Dios que Él te ha enviado, y te mostrara tu respuesta, no podrías dormir esta noche.

Tu corazón estaría roto.

Yo estaba en Tulsa en el mes de junio de 1994. Después de una junta de consejo, fui al servicio general. Un maravilloso ministro amigo mío, tomó el micrófono y procedió a recibir la ofrenda. Yo había dado anteriormente a este ministerio varios miles de dólares. Así que me senté tranquilamente mientras los demás preparaban sus ofrendas. Mi chequera estaba en casa (no me gusta dar efectivo). De cualquier forma yo no tenía intención de ofrendar nada. Repentinamente, él dijo: "yo quiero que cada ministro aquí presente siembre una semilla de $200.00 dólares". Si bien recuerdo, él nos dijo que lo enfocáramos hacia una doble porción de la presencia de Dios, y una visitación real del Espíritu Santo en nuestras vidas. Desde luego, nada sugería de ninguna manera el que tú pudieras comprar un *milagro* de Dios. Ciertamente tú no puedes *comprar* al Espíritu Santo.

De pronto, mi amigo ministro anunció: "Mientras el Espíritu Santo está sobre este lugar, *mientras la tierra está húmeda,* planta tu Semilla. Hazlo *ahora".*

Yo no tenía intención en sembrar otra Semilla. Ninguna. Yo había dado y dado y dado. En ocasiones, simplemente estoy cansado de dar. Especialmente a un ministro que ya ha recibido tanto de mí.

Ahora, tengo un temor de Dios en mi vida. Está operando fuertemente. El pensamiento de "perder la voluntad de Dios" me está aterrando.

Algo tocó *mi espíritu*. Yo sabía que era *importante* para mí el plantar esa Semilla de $200.00. Resistiéndome, pero *en obediencia,* metí la mano a mi cartera y jalé dos billetes de $100.00 dólares. Sembré la Semilla. Entonces, salí de la conferencia y no volví a pensar de nuevo acerca de mi Semilla.

Pero, El Espíritu Santo sí se acordó.

¡Oh, estoy tan agradecido por el precioso Espíritu Santo en mi vida! ¡Él me ha rescatado de tantas crisis! ¡Él ha abierto muchas Puertas de Oro de Oportunidad! ¡Él ha creado la Conexión de Oro con muchos de mis preciosos amigos! ¡Él es nuestra preciosa Fuente de Bendición!

Mi Cosecha vino en menos de 30 días.

Me fui a dormir a las 5:00 a.m. un miércoles por la mañana del 13 de Julio de 1994. Dos horas más tarde, fui despertado por el Espíritu Santo. Ese fue el día más grandioso que recuerdo de toda mi vida. Yo tuve un encuentro indescriptible e inolvidable con el Espíritu Santo ese 13 de Julio. Yo cambiaría cualquier otro descubrimiento de mi vida entera por lo que había descubierto acerca del Espíritu Santo en ese día. *Menos de 30 días después de haber sembrado mi Semilla de $200.00...en obediencia a un hombre de Dios.* Desde entonces, he escrito cientos de canciones al Espíritu Santo, he tenido innumerables Escuelas del Espíritu Santo y he visto a miles de personas entrar a la mejor época de su vida espiritual. La respuesta fue simple.

Yo obedecí una instrucción de un hombre de Dios.
En un punto determinado de tu vida, Dios pondrá a Su siervo enfrente de ti. Su siervo, te verá a los ojos y te desafiará a sembrar una Semilla de obediencia.

Podría ser una Semilla *ilógica*. Podría ser una Semilla de *desafío*. Una semilla de fe.

Esta requerirá cada gramo de tu fe.

Si eliges rechazar este reto, abortarás la Temporada de Cosecha más gloriosa que hayas probado alguna vez.

Si eliges obedecer al hombre de Dios, la Puerta de Oro de la Bendición se abrirá de par en par para que tú *salgas de la carencia* y entres a una Temporada de Prosperidad que has deseado toda tu vida.

Dios no se ha olvidado de ti.

Nadie te ama más que la persona que te creó. Tus temores son conocidos por Él. Tus lágrimas son importantes para Él. Cuando estás sufriendo, Él está trayendo las respuestas hacia ti. Cada momento de tu vida Dios programa milagros como corrientes de bendición en tu vida.

Toda prisión tendrá una *puerta*.

Todo río tendrá un *puente*.

Toda montaña tendrá un *túnel*.

Pero tú tienes que *encontrarlo*. Búscalo. Escúchalo. Persíguelo. Cree que existe. "No os ha sobrevenido ninguna tentación que no sea humana; pero fiel es Dios, que no os dejará ser tentados más de lo que podéis resistir, sino que dará también juntamente con la tentación la salida, para que podáis soportar", (1 Corintios 10:13).

Tú debes perseguir a aquellos que Dios está usando para avivar tu fe. Hay mujeres y hombres maravillosos de Dios que llevan unción financiera. Ellos pueden desatar tu fe. Eso puede incluir las cuatro horas que debes manejar para ir a su campaña. *Pero es importante que honres y valores y persigas su manto.* Escucha sus CD's. Lee sus libros Escucha su corazón.

Ellos han probado el fracaso. Ellos *saben cómo salir de problemas*. Ellos saben cómo son las noches de insomnio. Ellos han peleado con los demonios del miedo y de la incertidumbre.

Esa es la razón por lo que ellos califican para darte mentoría.

Algunos nunca probarán su Cosecha financiera porque están sentados a los pies de líderes *que avivan sus dudas y su incredulidad*. Ellos escuchan a parientes que discuten a menudo sobre los problemas económicos en el mundo y de lo difícil que es la vida.

Las voces que escuchas una y otra vez son la voz de lo que creerás finalmente.

Diez espías infectaron a millones de israelitas con su duda e incredulidad. Cuando ellos hablaron acerca de los gigantes, la gente se olvidó de las uvas de la bendición.

Todo Aquello De Lo Que Hables Se Incrementará.

Aquello de lo que piensas se hace más grande.

Tu mente y tu boca son amplificadores de cualquier cosa que desees que *crezca*.

Dos espías regresaron con fe, victoria y con la habilidad para derrotar gigantes. Sus nombres eran Josué y Caleb. Ellos habían estado con Dios. Ellos habían visto a los gigantes, pero no tenían miedo. Ellos habían visto las uvas y decidieron convertirse en campeones. Ellos habían experimentado demasiados días en el desierto como para darse por satisfechos con el fracaso.

Ellos se convirtieron en campeones de la fe. Josué se convirtió en el líder después de la muerte de Moisés. Caleb se dio a conocer por "tomar su montaña". Oh, son tan dulces las recompensas de la fe. ¡El sabor de la victoria permanece en tu boca durante mucho tiempo!

Tú debes discernir al Josué y al Caleb más cercanos a ti. Encuentra el alimento de la fe, Escucha las pláticas de fe. Siéntate a sus pies, escucha y absorbe. *Algo dentro de ti crecerá.*

Yo recibo mucha inspiración de la historia de Elías y de la viuda en 1 Reyes 17. Jamás me canso de este extraordinario Pozo de Sabiduría. La viuda estaba sufriendo. Devastada, Muriendo de Hambre. Ella estaba a un alimento de la muerte.

Es ahí cuando un hombre de fe fue enviado a su vida.

Él no la criticó, no fue complaciente ni hizo causa común con ella. Él sabía *cómo* ayudarla a salir *de su problema.*

Ella tuvo que escucharlo. Ella tuvo que discernir que él era un hombre de Dios. Ella tuvo que estar dispuesta a seguir sus instrucciones sin importar qué tan ridículas e ilógicas pudieran parecer a su mente natural.

Un hombre de Dios a menudo tiene la Llave de Oro para tu liberación financiera. Si tú respetas esa unción, las cadenas caerán. La ceguera desaparecerá. Tus ojos contemplarán la Senda de Oro de la bendición. Si tú comienzas a criticar a estar con resentimiento y rebelde, perderás la temporada de milagros más extraordinaria que Dios haya programado nunca para tu vida.

Nadie puede discernir a un hombre de Dios por ti. *Tú* debes hacerlo. Nadie puede forzarte a obedecer a un hombre de Dios. Tu corazón debe estar blando y quebrantado ante Dios lo suficiente para seguir.

Tú podrías quizá recibir sólo una oportunidad para obedecer la instrucción que trae tu liberación.

(Nabal sólo recibió una oportunidad para alimentar y bendecir al ejército de David.)

Tú debes reconocer la grandeza cuando estés en presencia de ella. Ésta no siempre llamará tu atención. Jesús estuvo en muchos lugares donde no fue discernido, detectado, ni reconocido. Su propia familia no reconoció Su manto, Su Asignación, ni el hecho de que Él era el Hijo de Dios. Él vino a los suyos y los suyos no lo recibieron.

Tú podrías quizá tener que encontrar al hombre de Dios antes de que él te vea a ti. Como ves, él no te está necesitando. Tú lo estás necesitando.

Lee la increíble historia de Saúl y de su siervo, quien había perdido sus asnos. Ellos estaban tan molestos hasta que el siervo recordó que *un hombre de Dios* vivía en esa área. Él conocía el poder de una ofrenda. Ambos, tomaron la decisión de encontrar al Profeta Samuel. El resto de la historia es absolutamente increíble. Cuando ellos estuvieron en presencia de Samuel, la unción de Samuel empezó a fluir hacia ellos. (Ver 1 Samuel 9:3 – 10:10.)

Ellos habían traído su Semilla.

Ellos trajeron una ofrenda.

Ellos creyeron que él era un hombre de Dios.

Ese encuentro con Samuel catapultó a Saúl al reinado de Israel.

En algún lugar está un hombre de Dios con la Llave de Oro para el recinto donde está tu tesoro. Tu responsabilidad está en discernirlo, encuéntralo y obedece su instrucción.

Hace algunos años, mi asistente me escuchó compartir sobre el milagro del "Pacto de la Bendición", la siembra de la Semilla de $58 dólares. (Mi primer encuentro fue en Washington D.C., cuando el Espíritu Santo me habló para plantar una Semilla de $58 dólares, que representa los 58 tipos de milagros que he encontrado en las Escrituras. Esto fue el lanzamiento de un increíble desfile de milagros en mi vida personal. Ya he hablado de esto en cientos de lugares.)

Ahora bien, mi asistente era un buen hombre, joven y que amaba a Dios. Pero algo ocurrió mientras él me escuchaba narrar la historia. Yo le di una instrucción a él y a otros en ese servicio para: *"Darle una Asignación a su Semilla.* Que escribieran en el cheque lo que ellos desearan experimentar como Cosecha en su vida personal".

Él hizo el cheque por su Semilla de $58 dólares, y entonces anotó: "mejores relaciones familiares" al lado izquierdo del cheque. Aquí tienes a continuación 7 milagros que ocurrieron después de esa Semilla:

1. Su madre recibió a Jesús en 14 días.
2. Sus dos hermanas recibieron a Jesús en 14 días.
3. Su hija recibió a Jesús en 14 días.
4. Él tuvo la oportunidad de pasar dos semanas con sus otras dos hijas, a quienes no había visto en cinco años.
5. Él tuvo la oportunidad de reunirse para comer una tarde con toda su familia—esto no había ocurrido en los 15 años anteriores.
6. Su padre de 86 años de edad recibió a Jesús en 90 días.
7. Su hermana mayor, quien había huido de su hogar desde hacía 48 años, fue localizada y regresó a casa para una reunión familiar. (Nadie la había visto ni oído de ella en esos 48 largos años. Ella estaba dada por muerta.)

Cada uno de estos milagros ocurrió en un lapso de 90 días después de que él sembró su Semilla de $58 dólares.

¿Por qué? *El siguió la enseñanza de un hombre de Dios.* Casi a cualquier lugar que voy, a todos aquellos que necesitan milagros les digo que planten una semilla. Una semilla específica. Generalmente, yo les digo que planten una semilla de $58 dólares (algunas veces esto es mas, dependiendo de la enseñanza del Espíritu Santo). Los milagros son increibles. Tengo cartas de muchos lugares relatando la intervención sobrenatural de Dios *siguiendo sus actos de obediencia.*

Una mujer en Knoxville, TN, se me aproximó con un esposo alto a su lado. "¿Recuerda esa Semilla de $58 dólares?", preguntó.

"Sí".

"¡Es él! Él estaba alejado de Cristo y en pocos días después de mi Semilla, él fue conmigo a la iglesia y entregó su corazón a Dios".

El hombre que Dios envió podría no estar presentado como tú lo imaginaste. Juan el Bautista tenía una apariencia que no muchos podían tolerar. Pero, Dios estaba con él. Sus mejores dones no siempre llegan en seda. Él frecuentemente usa bolsas de estraza para envolver sus mejores premios. El hombre ve la apariencia exterior, mientras que Dios ve el corazón.

Aquellos que Dios envía a tu vida podrían tener personalidades ásperas e incómodas. Si tu pudieras haber oído a Isaías o Ezequiel, estarías impresionado en ocasiones del lenguaje tan fuerte que salía de sus labios.

Aquellos que Dios envía a tu vida con un reto especial para tu fe podrían parecer socialmente inadecuados. Dios usa cosas necias para confundir a los sabios. Tú no podrás discernirlos por lo que escuche tu oído ni por lo que vean tus ojos.

Tú los discernirás por el Espíritu de Dios dentro de ti.

"Creed en Jehová vuestro Dios, y estaréis seguros; creed a sus profetas, y seréis prosperados", (2 Crónicas 20:20).

Cuando tu empiezas a considerar la Palabra del Señor cuando proviene de siervos probados y establecidos, la corriente de milagros se multiplicará y aumentará hacia ti.

Oremos:

"Oh, Padre, perdónanos por estar en el ámbito de la justicia propia, de la lógica y de la capacidad humana. Cuando Tú traigas a Tu siervo a nuestra vida, es para bendecirnos y para darnos poder. Tú nos inspiras para soltar algo de nuestra mano para que Tú sueltes lo que está en Tu mano para nosotros. En el nombre de Jesús. Amén".

29
Siembra Con La Expectación De Una Devolución

Tú Solamente Puedes Hacer Lo Que Tú Sabes.

A miles de personas se les ha enseñado que es erróneo esperar algo en retorno cuando le das algo a Dios. Ellos sienten que esto es prueba de codicia.

"Cuando le doy a Dios, yo no espero nada de regreso". Es el clamor orgulloso de muchos a quienes se les ha enseñado este terrible error.

¿Esperas un salario de tu jefe al final de una semana de trabajo? Por supuesto que sí. ¿Esto es codicia? Difícilmente.

¿Esperaste el perdón cuando confesaste tus pecados a Cristo? Por supuesto que sí. ¿Esto es codicia? Difícilmente.

Despojar de expectación a tu Semilla es robo del *único placer que Dios conoce.*

Recuerda, La necesidad más grande de Dios es que se Le crea. Su mayor dolor es que se dude de Él. "Pero sin fe es imposible agradar a Dios; porque es necesario que el que se acerca a Dios crea que le hay, y que es galardonador de los que le buscan", (Hebreos 11:6).

Motivo significa *razón para hacer algo.*

Cuando alguien que está en juicio es acusado de asesinato, ellos tratan de encontrar el motivo o la razón por qué una persona haría algo tan horrible.

Dios esperó que tú fueras motivado por la provisión, la promesa de la provisión. "Dad, y se os dará;

medida buena, apretada, remecida y rebosando darán en vuestro regazo; porque con la misma medida con que medís, os volverán a medir", (Lucas 6:38). (Esto es mucho más que un principio de misericordia y perdón. Este es un Principio de Provisión.)

Dios ofrece derramamiento como una razón para sembrar Semilla. Semillas de perdón o lo que sea que necesites. "Honra a Jehová con tus bienes, Y con las primicias de todos tus frutos; Y serán llenos tus graneros con abundancia, Y tus lagares rebosarán de mosto", (Proverbios 3:9-10). Date cuenta que Él pinta la imagen de la provisión de graneros que sobreabundan, *derramando abundancia* para motivarnos (darnos una razón) para honrarlo a Él.

Él prometió beneficios a aquellos que pudieran ser temerosos sobre el diezmo. "Traed todos los diezmos al alfolí y haya alimento en mi casa; y probadme ahora en esto, dice Jehová de los ejércitos, si no os abriré las ventanas de los cielos, y derramaré sobre vosotros bendición hasta que sobreabunde", (Malaquías 3:10).

Lee Deuteronomio 28:1-14. Aquí en la Escritura Dios crea una lista de las bendiciones específicas que ocurrirán si Lo obedeces. ¿Por qué nos da Él estos retratos de la prosperidad? *Para inspirarte y darte una razón para que obedezcas.*

Pedro necesitaba esta clase de motivación así como tú y yo la necesitamos hoy. Él sintió tal vacío cuando le contó a Cristo que él y los otros "habían renunciado a todo por Él".

Jesús prometió cien tantos más de retorno. "Entonces Pedro comenzó a decirle: He aquí, nosotros lo hemos dejado todo, y te hemos seguido. Respondió Jesús y dijo: De cierto os digo que no hay ninguno que haya dejado casa, o hermanos, o hermanas, o padre, o madre, o mujer, o hijos, o tierras, por causa de mí y del evangelio, que no reciba cien veces más ahora en este tiempo; casas, hermanos, hermanas, madres, hijos, y tierras, con persecuciones; y en el siglo venidero la vida eterna", (Marcos 10:28-30).

Mucha gente piensa que es malo sembrar esperando una Cosecha. *Esta es la razón para sembrar.*

El dar es la cura para la codicia, no para atesorar. Cuando siembras para conseguir una Cosecha, acabas de dominar la codicia.

La codicia *acapara*.

El hombre *retiene*.

Satanás *roba*.

La naturaleza propia de Dios es la naturaleza de dar. Cuando tú das, justo has revelado la naturaleza de Dios dentro de ti.

El único placer que Dios recibe es a través de *hechos de fe.* Su única necesidad es que se le crea. Su mayor necesidad es que se Le crea. "Dios no es hombre, para que mienta, Ni hijo de hombre para que se arrepienta.

El dijo, ¿y no hará? Habló, ¿y no lo ejecutará?", (Números 23:19).

Si un incrédulo corre hacia el pastor después de la iglesia y dice—"Quiero dar mi corazón a Cristo, pastor". El pastor ora. Supongamos que el incrédulo dice entonces—"¿Puede orar para que Dios me de paz y perdón por mi confesión?".

Imagina a un pastor que respondiera con indignación—"¡Por supuesto que no!" "Eso es codicia. Tú quieres algo de regreso por dar tu corazón a Cristo". ¿Te impactaría si tú pastor te dijera esto?

Tu Padre ofrece provisión para Semilla; perdón por confesión; orden por caos.

Cuando Jesús habló con la mujer del pozo en Samaria, Él le prometió agua para que nunca volviera a tener sed. ¿Estuvo *mal* que Él le haya ofrecido algo si ella lo seguía? Ese era el propósito del retrato del agua—para motivarla y darle una razón para *obedecerlo*.

Un día, mi querido amigo Dwight Thompson, el poderoso evangelista, me dijo una historia sobre la papaya. Alguien contó 470 semillas de papaya en una sola papaya. También se me ha dicho que una Semilla de papaya produciría una planta conteniendo 10 papayas. Ahora, si cada una de las 10 contuviera 470 semillas habría 4,700 semillas de papaya en una planta.

Ahora, solamente supongamos que tú vuelves a plantar esas 4,700 semillas para crear 4,700 plantas más. ¿Sabes cuántas semillas más contendrían 5,000 plantas conteniendo 5,000 semillas cada planta? *Serían Veinticinco millones de semillas...tan solo en la segunda siembra.*

Y estamos teniendo problema realmente creyendo en los 100 tantos más de retorno. ¿Por qué? Millones deben des-aprender la venenosa y traidora enseñanza que presenta como erróneo el esperar cualquier cosa en retorno.

6 Hechos Que Debes Saber Acerca De La Ley De La Expectación

1. **Expectación Es La Poderosa Corriente Que Hace Que La Semilla Trabaje Para Ti.** "Pero sin fe es imposible agradar a Dios; porque es necesario que el que se acerca a Dios crea que le hay, y que es galardonador de los que le buscan", (Hebreos 11:6).

2. **Espera Protección Como Él Prometió.** "Reprenderé también por vosotros al devorador, y no os destruirá el fruto de la tierra, ni vuestra vid en el campo

será estéril, dice Jehová de los ejércitos", (Malaquías 3:11).

3. Espera Favor De Un Boaz Cercano A Ti. "Dad, y se os dará; medida buena, apretada, remecida y rebosando darán en vuestro regazo; porque con la misma medida con que medís, os volverán a medir", (Lucas 6:38).

4. Espera Ideas Financieras Y Sabiduría De Dios Como Una Cosecha. "Sino acuérdate de Jehová tu Dios, porque él te da el poder para hacer las riquezas, a fin de confirmar su pacto que juró a tus padres, como en este día", (Deuteronomio 8:18).

5. Espera Que Tus Enemigos Se Fragmenten Y Se Confundan Y Huyan De Ti. "Jehová derrotará a tus enemigos que se levantaren contra ti; por un camino saldrán contra ti, y por siete caminos huirán de delante de ti", (Deuteronomio 28:7).

6. Espera Que Dios Te Bendiga Por Todo Acto De Obediencia. "Acontecerá que si oyeres atentamente la voz de Jehová tu Dios, para guardar y poner por obra todos sus mandamientos que yo te prescribo hoy, también Jehová tu Dios te exaltará sobre todas las naciones de la tierra. Y vendrán sobre ti todas estas bendiciones, y te alcanzarán, si oyeres la voz de Jehová tu Dios", (Deuteronomio 28:1-2).

Un hombre de negocios se acercó a mí. "Yo no creo realmente que Jesús realmente quiso decir lo que Él dijo acerca de los cien tantos más. Nosotros hemos malentendido eso".

"Así que, ¿intentas enseñarle a Jesús como hablar cuando llegues al cielo?" Me reí.

Si Él lo haría por una papaya...Él lo haría por ti y por mí. Nosotros somos Sus hijos, ¡no meramente el fruto de un árbol!

Yo creo que una de las razones más importantes

por la que la gente no experimenta una Cosecha abundante, sobrenatural en finanzas es porque ellos realmente no esperan que Jesús haga lo que Él dijo que haría.

Las bajas expectativas afectan a Dios.

Cuando siembras con expectación, tu Semilla permanecerá delante de Dios como un testimonio de tu fe y confianza.

▶ Siembra *esperando* que Dios responda favorablemente a cada acto de confianza en Él.
▶ Siembra de cada cheque de pago.
▶ Siembra *expectantemente, generosamente y fielmente.*

Cuando empiezas a buscar y esperar que Dios cumpla Su promesa, la Cosecha que has necesitado por tanto tiempo vendrá más rápida y abundantemente que lo que jamás has soñado.

Millones no están experimentando incremento porque nadie les ha dicho acerca del Principio de la Semilla-de-fe.

Quienes no han aprendido son simplemente los que no han sido enseñados.

Los maestros son necesarios. Tú no tendrías la habilidad para siquiera leer este libro, pero un maestro entró en tu vida. Te sentaste a sus pies. Aprendiste el alfabeto. Hora tras hora te sentaste a través de aburridos, irritados y frecuentemente frustrados momentos. Pero, abrió la Puerta de Oro de la Vida.

Tú puedes saber solamente algo que has escuchado. Algo que se te ha enseñado. Es por eso que Dios llama mentores, ministros del evangelio, y parientes a impartir conocimiento. "Y él mismo constituyó a unos, apóstoles; a otros, profetas; a otros, evangelistas; a otros, pastores y maestros, a fin de perfeccionar a los santos para la obra del ministerio, para la edificación del cuerpo de Cristo, para que ya no seamos niños fluctuantes, llevados por doquiera de todo viento de doctrina, por estratagema de hombres que para engañar emplean con astucia las artimañas del error", (Efesios 4:11-12, 14).

Todo mundo entiende la siembra. Sembrar es plantar una Semilla en la tierra por una Cosecha deseada y retorno.

Semilla-de-fe es sembrar una Semilla específica en fe que dará una Cosecha a través de tu vida. Es decidir qué clase de Cosecha quieres cultivar y sembrar una Semilla para hacer que suceda.

La Semilla-de-fe es usar algo que tienes para crear algo más que tú quieres. Cuando Sueltas Lo Que Está En Tu Mano, Dios Soltará Lo Que Está En Su Mano.

Tu Semilla es lo que bendice a alguien más.

Tu Cosecha es cualquier cosa que te bendice.

Así que, Semilla-de-fe es sembrar algo que tú posees, en fe de que Dios la honrará al traerte una Cosecha que tú deseas que vuelva a ti.

Ahora, la mayoría de la gente nunca ha entendido la parte gloriosa y maravillosa de este principio de siembra y cosecha. De hecho, usualmente es una amenaza. Tú oirás a un padre decir a su rebelde adolescente: "¡algún día, vas a cosechar lo que sembraste!" Ahora, ellos raramente le dicen eso al adolescente cuando es obediente y que está haciendo algo maravilloso. ¡Ellos solamente enfatizan eso cuando ellos se enfocan en algo *malo* que hizo el adolescente!

Todo ministro ha usado Gálatas 6:7 para motivar a su congregación a tener un temor saludable de Dios. "No os engañéis; Dios no puede ser burlado: pues todo lo que el hombre sembrare, eso también segará. Porque el que siembra para su carne, de la carne segará corrupción; mas el que siembra para el Espíritu, del Espíritu segará vida eterna. No nos cansemos, pues, de hacer bien; porque a su tiempo segaremos, si no desmayamos", (Gálatas 6:7-9).

El Apóstol Pablo continúa enfatizando este increíble y milagroso Principio de Semilla-de-fe. Su motivación personal al usar este principio es ayudar a la gente *a hacer algo maravilloso para otros.* "Así que, según tengamos oportunidad, hagamos bien a todos, y mayormente a los de la familia de la fe", (Gálatas 6:10).

El Principio de la siembra y la cosecha en la Escritura no es una amenaza. Es una promesa gloriosa a los creyentes que *la paciencia al sembrar una Semilla producirá una Cosecha digna de búsqueda.*

El Principio: *Tú puedes decidir cualquier Cosecha que Dios quiera que tú coseches y siembres una Semilla especial, envuelta con tu fe, por un resultado deseado.*

Esta es Semilla-de-fe.

Dios obra este principio *continuamente.* Él tenía un Hijo, Jesús. Pero, Él quería una familia. Así que, Él plantó Su mejor Semilla en un lugar llamado Calvario para producir una gloriosa familia, el Cuerpo de Cristo. ¡Aquí estamos!

Eliseo, el notable profeta, entendió este principio tanto como cualquier otra persona en la Escritura. Él mira en el rostro de una empobrecida mujer del campo a punto de comer su última comida. Su hijo se había adelgazado y secado y yacía casi sin vida sobre la cama. Ella está destituida. Esta no es simplemente una viuda que necesita más dinero para pagar una factura del auto, o pagar por su casa. Su última pieza de pan es la única cosa entre ella y morir de hambre.

Pero, Dios había sonreído sobre ella. Oh, ¡Él no le trajo una bolsa de víveres! Lo ves, aún esa bolsa de víveres habrían tenido un fin. Elías no le dio un billete de $20 Que meramente retrasaría su inanición.

Dios le mandó a ella un hombre que entendió cómo continuar creando Cosecha después de la Cosecha después de la Cosecha con una simple Semilla. Oh, es un día maravilloso en tu vida cuando Dios manda alguien ¡que puede ver el futuro de tu Semilla! ¡Tú has encontrado favor con los Ángeles! ¡Tú has encontrado favor que va a rebasar tu juicio! Tú puedes estar mirando tu presente con total desánimo, pero ese hombre de Dios tiene una *fotografía de tu futuro*.

Elías no dijo: "Le voy a decir a la iglesia tu problema y ver si alguien puede ayudarte". Él no la criticó. Él no le preguntó si había estado diezmando. Él señaló algo que *ella tenía ya*. Y le dijo como usarlo como un puente para salir del problema.

▶ Lo ves, tu Semilla es la única *salida* de tu presente.
▶ Tu Semilla es la única *puerta* hacia tu futuro.
▶ Tu Semilla es el *puente de bendición* hacia el mundo que has soñado toda tu vida.

Elías hizo algo glorioso y maravilloso. Algo que yo deseo que todo hombre de Dios hiciera cuando está detrás del púlpito y le habla a la gente acerca de una ofrenda para la obra de Dios. Él explicó eso que ella tenía ya en su mano que *contenía la solución de su vida*.

La Semilla-de-fe es llevar a la gente más allá del porche de su problema y traerla a la Casa de la Sabiduría, y mostrarle que ¡toda solución a su vida está justo ahí en su propia mano!

El inconverso puede sentirse vacío y sin esperanza. Pero, Dios enseña que la Semilla de su salvación ya está en su boca. "Mas ¿qué dice? Cerca de ti está la palabra, en tu boca y en tu corazón. Esta es la palabra de fe que predicamos: que si confesares con tu boca que Jesús es el Señor, y creyeres en tu corazón que Dios le levantó de los muertos, serás salvo. Porque con el corazón se cree para justicia, pero con la boca se confiesa para salvación", (Romanos 10:8-10).

¡Piensa en eso! Tú puedes estar caído, quebrantado, atormentado y apesadumbrado. Tus pecados numerados en cientos. Sin embargo, justo ahí donde te sientas en este mismo momento tú puedes plantar una Semilla. ¿Cuál es la Semilla? *Tu confesión de Cristo.* En un solo segundo, millones han cambiado de una vida de vacío y falta de esperanza a la luz y el gozo.

Una simple Semilla de confesión puede sacar a una persona del problema para el resto de su vida. Esta es Semilla-de-fe. El glorioso principio de la Semilla-de-fe. Todo mundo cree en sembrar. Pocos han abrazado la Cosecha.

5 Razones Los Ministros No Enseñan Sobre La Siembra Y La Cosecha

1. **Algunos No Lo Enseñan Porque Temen La Crítica.** Lo ves, cuando empiezas a hablar de dinero, te estás enfocando en el corazón de tu vida. El dinero es el Dios de este mundo. *Todas* las cosas se mueven alrededor de el. Poderosos ministerios evitan este tema como la plaga. Sin embargo, en la privacidad de sus sesiones de liderazgo, ellos lloran e interceden para que Dios provea más finanzas para que puedan alcanzar a su generación.

2. **Algunos, Se Rehúsan A Discutir El Principio De La Siembra Y La Cosecha Púbicamente, Se Acercan A Los Ricos En La Privacidad De Sus Casas.** Ahí, ellos requieren y piden grandes donativos para su ministerio. A través de estos medios, ellos desvían cualquier criticismo que

pudiera venir de énfasis público.

3. **Algunos Sienten Que Está Fuera De Balance El Hablar De Dinero En Una Iglesia.** Sin embargo, nadie considera a un dentista fuera de lugar porque él trabaja solamente con los dientes. Nadie considera que un abogado esté fuera de balance porque solamente discuta problemas legales.

Pocos se llegan a enojar con un evangelista por predicar la salvación. Pocos se enfurecen con un pastor que enseña los principios de las relaciones amables. Todo mundo se emociona cuando miles reciben su sanidad en un servicio de milagros. Pero, el momento en que se habla de dinero, *otro espíritu entra en la arena.* La atmósfera *cambia.* El clima es *diferente.*

4. **Algunos No Enseñan Sobre Los Principios De Prosperidad Porque Su Única Provisión Es Suficiente.** Recientemente, yo entre a una casa de un millón de dólares. Era la residencia de un amigo ministro. Él nunca predica sobre prosperidad financiera. Las almas son su enfoque. Él es brillante para construir casas para ganar una utilidad. Él tiene amigos que le construyen una casa. Él se cambia. Posteriormente, cuando él la vende, él gana una generosa utilidad. A través de los años, él ha hecho una cantidad tremenda de dinero. Él no tiene problemas financieros por este don que tiene para la construcción. Él entiende el ser contratista y todo lo que esto involucra.

Muchos no tienen este conocimiento y trasfondo. Así que, mientras el disfruta el hermoso lujo de su casa de un millón de dólares, millones se sientan bajo su ministerio que apenas pueden hacer el pago de la factura mensual de su auto. *Sus casas son pequeñitas, con exceso de cosas e incómodas.* Lo ves, la provisión ya no es su enfoque. Por lo tanto, nunca se ha dado cuenta que otros tiene un problema que él no tiene.

5. Algunos No Enseñan Sobre Sembrar Por Una Cosecha Por El Enojo, La Represalia, Y Ataques Feroces Que Atacan Su Ministerio. Nadie que quiere ser productivo tiene tiempo para la batalla. Hace varios años un poderoso ministro ministraba a millones en la televisión. Cuando los medios empezaron a poner una trampa y estrategia para destruirlo, le costó millones en honorarios de abogados. Su equipo de colaboradores empezó a fragmentarse, su enfoque fue roto. En vez de escribir libros que ayudaran a la gente, él tenía que reunirse con abogados por cientos de horas. Sus reportes de impuestos fueron analizados. Ellos trataron de encontrar documentos financieros y cartas de sus socios, buscando en los contenedores de basura.

Los hombres que no son temerosos de Dios invertirán millones para cerrar la boca de un hombre de Dios. Así que, muchos hombres de Dios evitarán esta enseñanza para que ellos puedan *retener su enfoque* en la gente en vez de la defensa de su ministerio. Es costoso. Es devastador, física y espiritualmente.

Consecuentemente, su gente se sume en la pobreza y las pérdidas porque permanecen *sin ser enseñados.*

Algo me intriga. Cuando la discusión de dinero y dádiva a la obra de Dios emerge, *los que no honran a Dios encuentran un terreno en común con muchos líderes religiosos.* Ellos se juntan—como Poncio Pilatos con los fariseos de su día por la meta en común de crucificar a Jesús de Nazareth.

¿Por qué hay enojo por el mensaje de la siembra de la Semilla para crear una Cosecha financiera en tu vida personal?

¿Esta gente desprecia el dar? No lo creo. Lo ves. Toda nuestra tierra es una tierra que da. Miles de personas dan a organizaciones no lucrativas de

beneficio social como: March of Dimes (La Marcha de los Diez Centavos), Muscular Dystrophy (Distrofia Muscular), la Cruz Roja y El Ejército de Salvación. Nadie se enoja porque des en beneficio de otra gente. El enojo involucra el *dar para la obra de Dios.*

¿Están enojados porque la enseñanza sobre prosperidad es innecesaria y tiempo perdido? Por supuesto que no. Mucha gente no tiene para pagar sus cuentas actuales. Muchos ni siquiera tienen un auto que ya esté completamente pagado. Alguien dijo que el 60 por ciento de los estadounidenses se irían a la banca rota en 90 días si cerraran la empresa o se quedaran sin trabajo. No, el enojo no es porque alguien tenga demasiado dinero. Todo mundo está necesitado.

¿Está el enojo dirigido hacia todos los ministros del evangelio por recibir ofrendas? No creo que sea por eso. Yo veo muchos ministros en la televisión que no son criticados cuando simplemente anuncian que hay necesidad de ofrendar para que puedan construir una catedral. El más grande evangelista de nuestra generación recibe ofrendas en cada campaña. Él nunca ha sido criticado, porque sus ofrendas son discretas, de bajo perfil.

No, el enojo no es por recibir ofrendas. Eso se ha dado por cientos de años. El enojo no es por una iglesia que necesita ayuda o viudas que necesitan asistencia.

¿Quiénes luchan en contra del mensaje de la Semilla-de-fe, de prosperidad desprecien el dinero y odian el tema del dinero?

No en absoluto. Yo vi un programa de entrevistas recientemente. Él conductor lanzaba su enojo feroz contra los ministros que enseñaban acerca de la siembra que produce la prosperidad. Entonces él ofreció su propio video por $40. Por lo tanto, él no odia el dinero. Él quiere más dinero para sí mismo. Él no es anti-dinero. Él ciertamente no es anti-generación-de-utilidades, ya que el costo promedio de un video es de $2.50.

Los que se enfurecen contra la prosperidad están enojados contra un ministro que promete cien tantos más de parte de Dios por su Semilla. Ellos odian la enseñanza que tú puedes "dar algo que tú tienes y conseguir algo en retorno de Dios".

La batalla es sobre la expectación de una Cosecha.

Analicemos esto. ¿Están enojados porque ellos creen que Dios no puede dar una Cosecha? Mucha gente cree que Dios puede hacer cualquier cosa.

¿Estas personas creen que Dios *no debería* de producir una Cosecha de nuestra Semilla? No creo que así sea. Todo reportero de la televisión busca barrios empobrecidos, áreas para remover la consciencia de Los Estados Unidos hacia los pobres. Miles inclusive se enojan con Dios por no hacer algo por ellos. Casi todos los humanos creen que Dios debería de prosperarlos.

¿Ellos creen que Dios *no prosperará* realmente a gente que siembra en Su obra?

Ahora, hay mucha controversia en esto.

Este es uno de los más grandes descubrimientos de mi vida. El enojo sobre la siembra de la Semilla en la obra de Dios para conseguir una Cosecha es porque ellos creen que es erróneo esperar algo de regreso de Dios.

La palabra odiada es *expectación.*

"¡Cuando Le doy a Dios, no espero nada de regreso!" murmuró un líder religioso recientemente. "Yo doy porque Lo amo. Doy por obediencia. Es codicia esperar que te de algo de retorno". Sin embargo, este mismo líder religioso esperaba un cheque cada semana de su vida—en retorno por su liderazgo espiritual.

Es solamente la expectación de recibir *dinero* de

retorno de parte de Dios lo que produce el punto de contención.

Es erróneo dar tu corazón a Dios y esperar perdón, misericordia y una casa en el cielo. ¡Oh, no! Eso está bien esperar una casa eterna en retorno. ¡Está mal traer tu cuerpo enfermo a Dios y esperar salud Divina en retorno? Pocos están en desacuerdo con esto.

Es solamente el dinero lo que los molesta. El dinero que se da a Dios y a su obra.

¿Por qué está mal esperar que Dios nos de cien tantos más de retorno? Esto no es ni siquiera lógico. Piensa en los cientos de doctrinas que nos enseñan las Escrituras. La doctrina de la sangre, El Espíritu Santo, ángeles y demonios. Piensa en las consecuencias horríficas del pecado, la rebelión y la brujería. Si debiera de haber rebelión en algo enseñado en la Escritura, ¿por qué hemos elegido odiar el Principio de la Prosperidad? Va en contra de cada parte de nuestra lógica odiar algo que trae bendición, provisión y la habilidad de bendecir a otros.

Esto es algo satánico. Oh, mi amigo, si tú pudieras ver a Satanás por lo que es realmente, tú lo despreciarías con cada gramo de tu ser. Él es escurridizo, resbaladizo y engañoso. Él es verdaderamente una serpiente.

¿Por qué no hay un gran enojo y odio sobre la predicación del infierno? Si yo fuera a rehusarme a la verdad, sería la creencia en un infierno. Lo ves, ni siquiera es natural ser anti-dinero.

Supongamos que tú y yo estamos de compras. Mientras caminábamos por el centro comercial, vi a un hombre agazapado en la esquina.

"Oh hay un hombre que necesita ayuda. Se ve hambriento. Su ropa se ve andrajosa. Hagamos algo bueno por él". Tú y yo caminamos hacia él.

"Señor, está usted bien?"

"No"—él murmura. "No he comido en cuatro días. No tengo trabajo. ¿Hay alguna manera en que me pueda ayudar?"

Tú y yo nos alegramos. Aquí hay una oportunidad con este hombre. "Aquí, señor. Aquí tiene $20. Por favor cómprese una buena comida en la cafetería".

Ahora supongamos que esto sucedió. Él toma el billete de $20. Él lo rompe en partes. Nos mira enojado—"¿Por qué tratan de darme un billete de 20USD?"

Tú le llamarías a esto locura. Yo estaría de acuerdo. Yo diría—"Hay un hombre muy enfermo. Él tiró algo que podía cambiar su dolor en placer.

Le di una respuesta, una solución, algo de dinero. Él actúa como si fuera una trampa, un truco, veneno".

Sin embargo, el gran Proveedor de este universo nos da el Principio de Prosperidad que reescribirá nuestro futuro financiero, y que hará eructar con enojo ante el pensar que podemos sembrar una Semilla y recoger una Cosecha!

¡Esto es locura! No es locura de la mente, es locura de la voluntad, el camino elegido de rebelión.

¿Estamos en contra del dinero? Por supuesto que no. Cuando nosotros encontramos veinticinco centavos en el pavimento, le decimos a todos nuestros amigos por teléfono ese día. Cuando descubrimos un billete de $20 olvidado en la bolsa de nuestras viejas prendas de vestir en la esquina de nuestro closet, ¡gritamos! Trae fresca motivación a nosotros. Quizá no se requiera mucho para emocionarnos estos días—solo lo inesperado.

Toda la guerra espiritual sobre el mensaje de la Semilla-de-fe y los principios de prosperidad está sobre esta—*expectación de una Cosecha que Dios nos dará de regreso.*

Ahora, aquí está la verdad más increíble:

La Expectación Es El Único Placer Que El Hombre Puede Generar En El Corazón De Dios.

Lo ves, fe es confianza en Dios.

Expectación es la evidencia de tu fe.

Dios dijo que es imposible complacerlo *a menos que esperes algo de Él*. "Pero sin fe es imposible agradar a Dios; porque es necesario que el que se acerca a Dios crea que le hay, y que es galardonador de los que le buscan", (Hebreos 11:6).

Tú ni siquiera puedes ser salvo *a menos que tú esperes que Él te reciba.*

Tú no puedes ser sanado a menos que tú *esperes que Él te sane.*

Tú no puedes cambiar a menos que esperes que Él te cambie.

Su Único Placer Es Que Se Le Crea.

Su Único Dolor Es Que Se Dude De Él.

Lo diré nuevamente, la esencia de toda la Biblia es Números 23:19: "Dios no es hombre, para que mienta, Ni hijo de hombre para que se arrepienta. El dijo, ¿y no hará? Habló, ¿y no lo ejecutará?".

Dios no es un hombre.

El hombre miente. *Dios no.*

¡Piensa en esto! Dios no se complace en las calles de oro, nubes de ángeles. Él solamente está feliz cuando alguien hace lo que Él dijo. ¿Qué es *creer? Esperar que Dios haga algo que Él dijo.*

Esta enorme controversia no es siquiera acerca de tu casa. Tu pobreza no es la meta de Satanás. Tú no eres su enemigo real.

Dios es el enemigo real de Satán.

Satán sabe lo que complace a Dios—que un humano confíe en Él. Satán sabe lo que complace a

Dios. El es un desempleado. *El es un ángel que se rehusó a creer en Dios y está probando las consecuencias eternas.*

La meta de Satanás es robar a Dios de todo momento de placer recibido de los humanos.

¿Cómo puede robar a Dios? Cuando el impide tu expectación por un milagro, el ha paralizado e impedido el único placer Dios experimenta. Todo el tiempo que tú esperas un milagro, tú creas un río de placer a través del corazón de Dios. Todo el tiempo que dudas, creas olas de dolor. Dios también tiene sentimientos.

Eso es lo que hay detrás del culto en la tierra a la *anti-prosperidad.*

Ellos no son anti-dinero.

Ellos no están en contra de que tengas dinero.

Ellos están en contra de que esperes dinero de Dios.

Oh, mi precioso amigo, escucha mi corazón hoy. ¿Por qué los hombres gastarían tiempo, tiempo precioso y caro de televisión ridiculizando y burlándose, destruyendo otros hombres de Dios que están orando para que la gente salga de la pobreza? Este mundo está empobrecido. Alguien dijo que el cuarenta por ciento de las quiebras involucran a cristianos nacidos-de-nuevo. Este mundo está experimentando un agobio financiero cada día. Quizá tú pienses que todo mundo alaba, admira y motiva un hombre de Dios que quiere verte bendecido, que pagues tus cuentas y mandes a tus hijos a la universidad. ¿Por qué no estamos agradeciendo frecuentemente a Dios en voz alta por lo maravilloso de la enseñanza que nuestro Jehová es un Dios de milagros de provisión?

No es la enseñanza de que tú tengas dinero lo que les está molestando.

Es la enseñanza de que *Dios te suplirá una Cosecha cuando Le des tu Semilla.*

Cuando tú involucras "la expectación de recibir algo a cambio" con una ofrenda, tú despiertas a cada demonio en el infierno que desprecia a su jefe anterior, Quien se complace en tu expectación.

Ellos odian al Dios que tú amas.

Ellos están obsesionados con *privarlo de todo momento posible de placer* que tú estás creando en el corazón de Dios.

Tu Padre simplemente quiere que se Le crea. Eso es todo. Él solo quiere que se le crea. De hecho, Él prometió que si Lo pusieras por encima de todo lo demás en tu vida, Él continuaría proveyéndote cualquier cosa que necesites por el resto de tu vida. (Ve Mateo 6:33.) *Él quiere que se Le crea* Él te invitó a que probaras Su Palabra para ti. (Lee Malaquías 3:9-11.)

Aquí está el argumento del culto de la antiprosperidad. "¿Qué hay acerca de la codicia? Eso es materialismo. Cuando ofreces algo de dinero de retorno por dar a Dios, eso es satánico. ¡Eso no es de Dios! Es venenoso y engañador el ofrecer algo a cambio cuando ellos dan a Dios".

Entonces, ¿por qué nos ofreció Dios algo a cambio, si eso es codicia? ¿Sientes que trabajar por un salario es codicia? ¡Estás recibiendo algo a cambio!

Dios anticipó la codicia. Él sabía que nuestra necesidad y deseo por incrementar podía ser engañosa, distorsionada y fácilmente usada para manipularnos. Por lo que, Él integró una "correctiva".

Él puso algo en el sistema de aumento que paralizara completamente cualquier problema con la codicia—DAR.

Es imposible que des a Dios y permanezcas en codicia.

Por eso estableció el sistema del diezmo el traer de regreso el diez por ciento.

Por eso Le prometió a Pedro cien tantos más de retorno por renunciar a todo y seguir a Cristo. (Lee Marcos 10:28-30.)

Toda persona que siembra su Cosecha ha justamente conquistado la codicia.

La codicia *atesora*.

Dios *da*.

Es imposible dar tu camino a la codicia.

Ahora, dentro de nosotros está una orden invisible de llegar a más, de multiplicar y de aumentar. El *primer mandamiento* jamás dado por Dios en el libro de Génesis, fue el multiplicar y llenar y *llegar a más*.

Dios es un Dios de aumento. Es normal llegar a lograr más, desear más y producir más. ¿Recuerdas la historia del hombre con un talento? Él fue castigado eternamente. ¿Por qué? Él no hizo nada con sus dones y habilidades para aumentar su vida. De hecho, lo que él tenía se le dio a otra persona que había multiplicado, había usado sus dones y había logrado ser más productivo.

Dios no es cruel. Él no es un mentiroso y engañador. Si Él te da un deseo para incrementar y prosperar, *Él pondrá algo dentro de ti que puede corregir el problema que eso produce. Dar.*

Toda la predicación contra la codicia y el materialismo es *necesario solamente para los que no-diezman y los que no-dan.*

Cualquier discusión con el dador acerca de la codicia es totalmente innecesaria. Su Semilla es prueba de que él la ha conquistado. Su Semilla es la correctiva a la codicia potencial.

De lo que tú te puedes alejar es algo que has dominado. De lo que no te puedes alejar es algo que te ha dominado.

El llanto no corrige la codicia.

Gritar no la corregirá.
La confesión no detendrá la codicia.
La siembra es la única cura conocida para la codicia.
Obediencia. Solamente regresa el diezmo. Solamente vuelve a plantar la Semilla que Él puso en tu mano.

Toda la guerra y controversia sobre la prosperidad es impedir que Dios se sienta complacido, que se sienta bien por haber creado seres humanos. Tú no eres el blanco. Toda esta controversia no se da entorno a ti y a tu familia. Toda esta controversia es entre Satanás y Dios. Tú solamente estás atrapado en el fuego cruzado.

Mi Semilla es la única prueba que estoy esperando algo en retorno. La única evidencia de que un agricultor está esperando su Cosecha es cuando tú lo ves sembrando su Semilla. Tu Semilla es la prueba de que estás esperando.

Tus palabras no son la prueba. Tú puedes hablar acerca de muchas cosas y aún no estar esperando verdaderamente una Cosecha.

Ahora, la expectación es posible solamente cuando una Semilla ha sido plantada.

Cuando tú estás reteniendo algo de Dios, es imposible que tu fe trabaje y que tu expectación se dé. Por lo tanto, cuando Dios habla a tu corazón que siembres una Semilla, no puedes empezar a esperar una Cosecha sino hasta que hayas obedecido Su instrucción. Tu obediencia al sembrar, te posee inmediatamente para que puedas *esperar.*

Ahora, tu siembra no crea expectación. Hace *posible* que tú puedas esperar.

Lo ves, mucha gente siembra pero no les han enseñado el principio de la Semilla-de-fe—que tú debes esperar algo en retorno. Así que, millones dan a iglesias y nunca ven un gran retorno por su Semilla. Ellos dan para pagar las cuentas de la iglesia. Ellos dan por la culpabilidad de retener después de todas las bendiciones que ellos han experimentado. Ellos dan porque un pastor se reúne con ellos en privado y les insiste en que hagan "una donación a la causa". Ellos dan por muchas razones.

Pocos siembran su Semilla para producir una Cosecha.

Pocos siembran con *expectación de un retorno* real que venga de Dios.

¿Cómo sabes que la mayoría no espera un retorno? *Ellos se enojan cuando siembran.* Si tú creyeras que algo viene de regreso a ti cien tantos más—deberías estar más emocionado en ese momento que en cualquier otro tiempo de tu vida.

Por ejemplo: ¿Has recibido una carta de una rifa en el correo con la noticia que "has ganado un millón de dólares?" Por supuesto que sí. Ahora, cuando eras joven y sin experiencia, te emocionabas. Tú rompías el sobre para abrirla. Te puedes ver a ti mismo con un yate, un hermoso Rolls Royce y unas vacaciones en España. ¿Qué está pasando? *La expectación te emociona,* te energiza y crea una ráfaga de entusiasmo alrededor de ti.

Expectación.

Después de que rompes el sobre para abrirlo, de repente te das cuenta que había una parte de la carta que no podías ver cuando estaba cerrada. Esa parte decía. "Tú *puedes* ser un ganador de un millón de dólares". Después de que abras la carta, te das cuenta que ellos no prometieron que tu lo ganaste. Sino, que tú *podías ser* uno de los ganadores. La expectación se desvanece y muere.

Y se seca. Tú haces una llamada telefónica y te das

cuenta que realmente no eras uno de los ganadores. Las expectativas mueren. La desilusión se asienta.

Cualquier desilusión que estés experimentando hoy, revela tu falta de expectación de una Cosecha.

Así que, Mira y siente la atmósfera que llena una iglesia cuando se recibe una ofrenda. Si hay expectación de una Cosecha, el *gozo llenará esa casa.*

Si la expectación está presente, el gozo está presente.

El gozo es la prueba de la expectación.

La depresión y desilusión son evidencias del temor presente. El temor de pérdida. El temor de lo menos.

La expectación es una imposibilidad hasta que siembras una Semilla.

Tú puedes tener una necesidad y *todavía no esperar una respuesta.*

Tú puedes tener un gran sueño y *todavía no esperar que se realice.*

La expectación es producida por la *obediencia.*

La obediencia es la prueba de la fe.

La fe es confianza en Dios.

Pedro declaró que él había dejado todo para seguir a Cristo. ¿Cuál fue la reacción de Jesús? Bien, Él no lo elogió por su discipulado. Él no lo elogió por su disposición a sufrir. Él no lo enalteció por ser un mártir. Jesús lo mira y promete que el recobrará lo que él había dejado, *cien tantos más.* (Ve Marcos 10:28-30.)

Jesús constantemente promueve la expectación.

Cuando la mujer del pozo de Samaria lo escuchó, Él le prometió agua con la que nunca volvería a tener sed, "Yo te daré descanso" Cuando los pecadores se Le acercaron en humildad y confesión, Él les prometió que ellos estaban perdonados.

Jesús siempre respondió a aquellos con gran expectación. Cuando el ciego clamó y la multitud le instruyó que guardara silencio, Jesús reaccionó. Muchos estaban ciegos. Uno tenía gran expectación en Jesús.

Jesús lo sanó.

Cosas imposibles sucederán a aquellos que esperan que sucedan. "Porque de cierto os digo que cualquiera que dijere a este monte: Quítate y échate en el mar, y no dudare en su corazón, sino creyere que será hecho lo que dice, lo que diga le será hecho", (Marcos 11.23).

▶ *Cualquier cosa buena te va a encontrar.*
▶ Cualquier cosa de Dios *te va a buscar.*
▶ Cualquier cosa excelente va a volverse *obvia* para ti.

Ese es el principio de la Semilla-de-fe.

Tú tienes algo que Dios te ha dado que tiene un futuro. Cuando tú descubres tu Semilla y envuelves tu fe alrededor de ella con gran expectación...tú producirás la Cosecha financiera que has deseado para toda tu vida.

Oremos...

"Padre, enséñanos lo maravilloso de la Expectación. Muéstranos cómo te complace que se te crea. Apresura la Cosecha en la medida que dependamos de tu increíble integridad. En el nombre de Jesús. Amén".

30
Siembra Al Momento En Obediencia Al Espíritu Santo Sin Rebelión O Negociación

El Espíritu Santo No Discutirá Contigo.
Él es el Regalo del Padre para aquellos que Lo obedecen. Él también te cortejará. Él trabajará en tu corazón. Él es gentil, bondadoso y paciente.

Pero Él no entrará en debate contigo. Él desprecia la contención, la confusión y la lucha. "Porque el siervo del Señor no debe ser contencioso, sino amable para con todos, apto para enseñar, sufrido", (2 Timoteo 2:24).

Él se alejará de tus ataques y espíritu conflictivo. "Pero desecha las cuestiones necias e insensatas, sabiendo que engendran contiendas", (2 Timoteo 2:23). No discutas con la Fuente de tu provisión. Deja de buscar razones para evitar sembrar. Honra Su integridad. Él no es injusto. Él no es desleal. Cuando Él te dice suavemente a tu corazón que tomes un paso de fe, salta hacia el frente. *Corre hacia tu Cosecha.*

"¡Bueno, yo no quiero simplemente plantar movido por un sentimiento emocional!" un ministro amigo mío explicó.

"Todo lo que tú haces es emocional"—Yo respondí.

"Cuando tú arrastras un momento de fe a través del drenaje de la lógica, destruyes su impacto y su influencia. Se presto para obedecer Su Voz".

Yo experimenté un milagro inusual en mi vida

cuando tenía cerca de 23 años. Yo había estado en el campo evangelístico dos o tres años. Mi primer año como evangelista me trajo $2,263 de dólares en ingresos. (Un mes todo mi ingreso fue de $35. Otro mes fue de $90. Yo vivía en una casa que mi padre había comprado por $150. ¡Toda la casa!)

Eventualmente, tuve suficiente dinero ahorrado para comprarme un traje y algo de ropa. Me había llevado un buen tiempo, pero finalmente había ahorrado $200. Tenía billetes de $100 en mi cartera. Estaba muy orgulloso y agradecido por eso. Me sentía seguro. Estaba ansioso de llegar a la tienda y comprarme algo de ropa.

Un joven evangelista amigo mío estaba predicando en una iglesia local. Por lo que, decidí escucharlo. Mientras él estaba hablando, sentí el jaloncito interior del Espíritu Santo para plantar los $200 en su ministerio. Le expliqué al Señor que había planeado comprarme ropa y así verme bien para Su obra. Mientras más ministraba él, más miserable me sentía. Una pesadez había en mi. Pensé en todas las razones para quedarme con los $200. En mi interior, empecé a *negociar* con el Espíritu Santo. Realmente no tenía ningún deseo de plantar ninguna semilla en absoluto. Pero yo conocía Su voz. *En algún momento, durante el servicio de un hombre de Dios* El Espíritu Santo va a levantar el nivel de tu deseo por *complacerlo.* Quizá no sientas mucho gozo durante la siembra. Quizá inclusive experimentes conflicto interior y confusión en tu mente, *pero algo en ti se convertirá en algo tan fuerte e intenso* que tu deseo de complacerlo arrollará tu lógica, tus temores y tu codicia. Es en ese momento milagroso cuando tu deseo de obedecerlo se vuelve tan poderoso que *abres las ventanas de los cielos* hacia tu vida.

Después del servicio fui y le di los $200. Él estaba

emocionado. Yo estaba un poco triste pero traté de ocultarlo. Era el dinero de mi ropa.

Siete días después, estaba recostado en mi cama a la medianoche. Sonó el teléfono.

"¿Hermano Mike Murdock?"

"¿Yes?"

"Usted realmente no me conoce. Mi esposo y yo estábamos en sus servicios hace un año aquí en Memphis. Mi hijo murió hace cuatro semanas, y Dios nos dijo a mi esposo y a mí que lo empezáramos a tratar como nuestro hijo. Dios nos dijo que le compráramos algo de ropa." "¿Va a pasar por Memphis en algún momento pronto?" *¡Qué cree usted!* No me importaba si tenía que ir a través de Australia y Rusia para llegar a Memphis, yo iba a llegar a Memphis...*¡muy pronto!*

Cuando me bajé del avión, ellos me llevaron a la tienda más fina para caballeros en Memphis, Tennessee. Ellos me compraron cuatro trajes, camisas y zapatos. Seis meses después, ellos lo hicieron otra vez. Seis meses después, ellos lo hicieron otra vez, Seis meses después ellos lo hicieron otra vez. Y otra vez. Otra vez. Y otra vez.

Yo fui a escuchar a un amigo mío en Houston a su iglesia un Domingo por la noche. A mitad de camino, a lo largo de su sermón, él se detuvo. Me señaló en la última fila y dijo: "Qué bien es tener a Mike Murdock aquí esta noche. El Espíritu Santo justo me pidió que detuviera el servicio y que recibiera una ofrenda para comprarle ropa". Yo estaba sorprendido.

Un Miércoles en la noche, manejo al otro lado de la ciudad par ir a otra iglesia. Nunca antes había conocido a este pastor. A la mitad de su estudio Bíblico, él mira hacia atrás y me ve en el asiento de atrás.

"Veo a Mike Murdock aquí esta noche. Hermano,

tú y yo no nos hemos conocido antes, pero te he visto en varias conferencias. Es maravilloso tenerte. El Espíritu Santo recién habló a mi corazón que detuviera el servicio y recibiera una ofrenda para comprarte algo de ropa".

Meses después estaba en Louisville, Kentucky, y mi amigo pastor dice. "Qué vas a hacer mañana en la mañana".

"¿Qué quieres hacer?"—respondí.

"El Espíritu Santo habló a mi corazón que *te comprara algo de ropa*"—respondió.

Estoy sentado junto a un ministro amigo mío en Illinois. Él se inclina hacia mí y me dice suavemente en la iglesia:

"¿A qué hora sales mañana?"

"¿Por qué?"—pregunté.

"Siento que el Señor quiere que te *compre un traje Brioni mañana*". (Lo compró para mi al día siguiente. Aunque lo compró a precio de mayoreo, ¡el precio era de $3,220!)

Una de mis amigas más cercanas, Nancy Harmon, me pidió que fuera a su casa. Pasé y había prendas de un lado a otro del cuarto. "El Señor me pidió que te *comprara algo de ropa*"—ella dijo.

Lo ves, Yo dejé ir el dinero de mi ropa. Ahora, Dios estaba hablándole a la gente acerca de cambiar mi guardarropa, de dinero para que me comprara ropa.

Lo Que Estés Dispuesto A Dejar Ir Determina Lo Que Dios Traerá A Ti.

Por favor, nunca discutas con la Fuente de cada milagro que estés deseando. *Cuando Él te habla acerca de una Semilla, Él tiene una Cosecha en Su mente.* Lo ves, Él conocía el futuro que Él estaba planeando. Así que, Él me dio fe para *plantar la Semilla que crearía mi futuro deseado.* Él me dio el deseo, la Semilla y la tierra donde crecería lo más rápidamente. Tú puedes *contristar* al Espíritu Santo al debatir.

Tú puedes hacer que Él se *aleje* de ti cuando tú negocias y te *alejas de la fe*.

La fe Lo atrae. La fe lo emociona. La expectación es Su placer. *No Lo robes de ese momento de obediencia.*

Obediencia retrasada puede llegar a ser desobediencia.

Millones han perdido miles de Cosechas porque ellos se volvieron intelectuales, negociadores y argumentativos cuando el Espíritu Santo empezó a suavemente dar una instrucción a su corazón.

Estaba en Jacksonville, Florida, hace unos días. La secretaria del pastor vino hacia mi llorando. Su esposo estaba a su lado.

"Aquí está la mejor Semilla que Dios nos ha dicho que sembremos. Por favor tómela" Eran sus anillos de boda, el más preciado tesoro que tenía. (Cuando tú plantas una Semilla, eso que tú puedes sentir, Dios también lo sentirá. Tú debes plantar algo que sea significativo para ti antes de que sea significativo para Dios.)

Eso fue Lunes por la noche.

Cinco días después, Viernes por la noche, ella estuvo en una especial Escuela del Espíritu Santo con un gozo increíble en su rostro y dio su testimonio. Alguien que no sabía nada de su Semilla de sacrificio, todos sus anillos, había decidido bendecirla; ellos se convirtieron en su Booz.

Ellos le dieron un anillo que valía 100 tantos el costo de sus propios anillos.

"Respondió Jesús y dijo: De cierto os digo que no hay ninguno que haya dejado casa, o hermanos, o hermanas, o padre, o madre, o mujer, o hijos, o tierras, por causa de mí y del evangelio, que no reciba cien veces más ahora en este tiempo; casas, hermanos, hermanas, madres, hijos, y tierras, con persecuciones; y en el siglo venidero la vida eterna", (Marcos 10:29-30).

Dios *no es un hombre* para que Él mintiera.

Él quiere que *se le crea.*

▶ Nadie puede *usar tu fe por ti.*
▶ Nadie puede *soñar más por ti.*
▶ Nadie puede *sembrar la Semilla por ti.*

Nadie. Ni tu madre, ni tu padre, ni tu jefe, ni tu hijo.

Todo hombre dará cuentas de sí mismo a Dios.

Algunas veces quieres respuestas a algunas preguntas. Ellos quieren que Dios les explique *por qué ellos fueron pobres.* Y Él les hará la misma pregunta.

"¿Por qué fuiste pobre cuando Yo te prometí cien tantos más de retorno por cualquier cosa que tú plantaras en Mi obra? Te dije que si obedecieras Mis principios, fueras diligente y esperaras que Yo hiciera lo que prometí, Yo abriría las ventanas de los cielos y derramaría sobre ti una bendición que no podrías recibir. Yo, también quiero saber por qué decidiste ignorar mis instrucciones y quedarte sin tu Cosecha Financiera?"

Esa puede ser la *Noche Del Lloro De La Eternidad* cuando todo mundo reconozca que los principios estaban accesibles, disponibles y listos para activarlos—pero ignorados.

Ahora, tú puedes empezar tu propia jornada a la prosperidad. Ten la disposición de dar un paso a la vez. No lo apresures. Ten cuidado de obedecer Su voz. *Revisa* este libro cuidadosamente. Llévalo contigo al *Lugar Secreto* de oración. Habla con El Espíritu Santo y pregúntale cada uno de los pasos que debes dar en este momento. Lleva todo tu paquete de cuentas pendientes y tarjetas de crédito y ponlas sobre este libro. Úngelas, e invita *la intervención sobrenatural* de Dios a romper la pobreza financiera y el espíritu de carestía que ha afectado e influido en tu vida.

▶ Pídele a Dios que te de un odio por la pobreza y un amor y deseo por la provisión sobrenatural.
▶ Habla con él de tus sueños y metas financieras en detalle con Él.
▶ Cree que Él enviará a Booz a tu vida para bendecirte en muchas maneras.

Cuando Él hable a tu corazón sobre plantar una Semilla en Su obra, no dudes. No negocies. Y, no manipules. El Espíritu Santo honra la integridad donde Él la encuentra. Confiesa cualquier pecado. Admite si tú has retenido los diezmos y las ofrendas que Él pidió. Arrepiéntete con humildad, integridad y expectación de un cambio en tu vida.

Tú verás los cambios venir más pronto de lo que soñaste.

Hoy es el día más pobre que jamás serás el resto de tu vida.

Oremos...

"Padre, He abierto mi corazón, y sembrado la revelación que cambió mi vida por siempre.

Ahora, usa esta Semilla para cultivar una Cosecha Fuera De Lo Común. Oh, bendice al obediente, al dispuesto y al hambriento. En el nombre de Jesús. Amén".

≈ Efesios 6:8 ≈

"Sabiendo que el bien que cada uno hiciere, ése recibirá del Señor, sea siervo o sea libre".

31
El Secreto De Éxito Más Grandioso Que Dios Me Ha Enseñado Jamás

Hace Algunos Años, Me Pasó Algo Que Literalmente Cambió El Curso De Mi Vida.
Revoluciono mi ministerio.
Me transformó.
Me hizo totalmente una persona diferente.
Yo estaba en la cochera en donde tenía mi estudio. Había estado trabajando por horas tratando de ponerme al corriente con mi correo, llenando órdenes, estudiando, escribiendo y orando. Había estado ayunando por cinco días. En el quinto día a las 2:30 mañana, Dios habló a mi corazón…no en voz alta, pero si a mi espíritu y en lo mas profundo de mi ser. Fue una oración simple. Pero, que me atacó con la fuerza de un mazo. Sonó y resonó dentro de mi cabeza y se grabó en las paredes de mi corazón.
¿Cuál era el mensaje?
"Lo Que Tú Hagas Que Suceda Para Otros, Yo Haré Que Suceda Para Ti".
Me sentí realizado porque Dios me estaba hablando. Él quemó esta verdad profundamente en mi conciencia. Estas palabras vinieron a mí repetidas veces, y empecé a pensar cada vez más que este era "El Hilo Dorado" en la Prenda de la Vida.
Si yo hago que algo bueno suceda para otros, Dios

hará que suceda algo bueno para mí. Si yo ocasiono que a otros les pasen cosas malas, cosas malas me pasarán a mí. Trabaja en ambos sentidos. Y trabaja siempre...*sin falla.*

Ahora, Toda mi vida he estado pensando que donde sembré, allí cosecharé. Pero, la real verdad es...*que* yo sembré, yo cosecharé, no *donde* yo sembré. Yo no puedo cosechar en el mismo lugar donde sembré. Dios puede tener para mí Semillas sembradas en el campo de otra persona, y cuando el tiempo de la cosecha venga, yo puedo cosechar en el campo de *alguien más.* Esto es porque la fuente de mi siega no es el vigilante del campo—sino Dios, *a quien le pertenece todo.*

Lo que yo haga que pase para otros, Dios hará que pase para mí. Ese es el *secreto.* Ése es el entendimiento que se convierte en tu llave al éxito. no busques tu cosecha *donde* has sembrado. Busca tu cosecha *porque* has sembrado.

Crea situaciones de éxito para otros alrededor de ti. No te sorprendas o no te alarmes si no pueden devolver el favor. Tú Siembras en la vida de otros, pero tu *expectativa de regreso, es de Dios,* tu divino Padre... tu fuente.

Así pues, la ley básica es muy simple.

Si deseas ser exitoso...si deseas realizar un sueño ....concéntrate en el éxito y cumple el de otros.

Apaga tu mente. Para de hablar sobre tus necesidades y deseos. Piensa en varias formas de crear éxito para *las personas que están a tu alrededor.* Ayúdalos a *alcanzar* sus metas. Ayúdalos a cumplir sus sueños y ser felices.

Garantiza tu propio éxito.

¿Qué sucede cuando haces esto? *Cuando tú haces que otros triunfen, tú creas una "zona" de éxito.* Cuando haces que la gente a tu alrededor sea triunfadora, quedas capturado en medio en una zona de éxito. *Y lo que haces que suceda para otros, Dios hará que suceda para ti.*

Como lo dije antes, este principio funciona en ambas vías...para bien o para *mal.* ¿Recuerdas la historia de Jacob en la Biblia? Él engañó a su padre moribundo para recibir la bendición que debería haber sido de su hermano. Pero unos pocos años después, Jacob fue engañado por su tío Labán. Después de trabajar 7 años para obtener la mano de Raquel en matrimonio, a Jacob le fue dada Lea, la hermana mayor. Él tuvo que trabajar 7 años más por la chica que él amaba realmente.

Lo que él hizo que sucediera para alguien más... engaño...le ocurrió a él.

También sucede para *bien.* Lee 1 Reyes 17:8-16, y encontrarás una fascinante historia de éxito. Cuando la viuda en miseria arriesgó su propia hambre para "crear una situación de éxito" para el profeta Elías, Dios hizo que esa misma provisión milagrosa le ocurriera a ella. *¡Lo que ella hizo que sucediera para Elías, Dios hizo que sucediera para ella!*

Aunque Job había experimentado tragedias tremendas en su vida personal, *él quitó su mente de sus propios problemas y empezó a orar por sus amigos.* Entonces ocurrió su propio milagro...¡el Señor quitó de él su aflicción! "Y quitó Jehová la aflicción de Job, cuando él hubo orado por sus amigos; y aumentó al doble todas las cosas que habían sido de Job", (Job 42:10).

Poco tiempo después, Dios trató conmigo muy fuerte sobre este tema. Yo estaba ministrando en Nueva Orleáns, Louisiana. Le pedí a la congregación que concentrara sus esfuerzos para hacer triunfar a otros y que Dios los haría triunfar a ellos. Un hombre joven tomó mi reto de corazón. Él decidió poner a funcionar el principio con su jefe.

Él fue con su empleador y le dijo: "Yo quiero ser su 'Hacedor de Éxito'. Yo quiero hacer que usted tenga más éxito del que ha tenido jamás—que sea el mejor jefe que pueda ser jamás. Yo quiero que usted gane más dinero del que nunca antes ha ganado. Solamente dígame qué puedo hacer para que usted tenga más éxito. Deme alguna de *sus tareas más difíciles* de hacer para que usted esté libre y pueda ser más productivo".

El jefe de este hombre joven estaba totalmente impactado. Él le contestó: "Nunca antes me había dicho alguien algo semejante. Dime: ¿por qué quieres que yo triunfe? ¿Qué quieres *tú* sacar de esto?".

El muchacho le dijo: "Yo creo que si yo hago que usted triunfe, entonces Dios hará que yo triunfe. Si yo le ayudo a que usted gane más dinero en su negocio, entonces usted podrá pagarme más. Usted tendrá más éxito y yo también. Yo he querido ganar $6 dólares por hora en vez de $5. Si yo le ayudo a alcanzar su meta, usted probablemente podrá ayudarme a alcanzar la mía".

El jefe le dijo: "Tú tendrás hoy tu aumento. Cualquiera que se interese tanto en mi éxito, ¡desde luego que vale $6 dólares la hora!".

Yo creo con todo mi corazón que esta es una de las leyes de Dios. *Lo Que Haces Que Suceda Para Otros Dios Hará Que Suceda Para Ti.* Deja que este principio se convierta en parte fundamental de tu Sabiduría, y se convertirá en la Llave de Oro en tu mano para abrir cada Habitación de Éxito para que entres en él.

Así que empieza hoy. *Concéntrate en el éxito de quienes están alrededor tuyo.* ¿Cómo puedes hacer para que tu esposa, tu esposo, y tus niños tengan más éxito? ¿Cómo puedes ayudar a tu negocio o empleador a lograr un mayor éxito? ¿Qué puedes hacer para bendecir a tu iglesia? Busca nuevas formas de hacer que todo mundo *a tu alrededor* tenga más éxito. Cuando encuentres una oportunidad así, rápidamente llévala a cabo.

Cuando tú haces que ellos triunfen, Dios te bendecirá con éxito. "Sabiendo que el bien que cada uno hiciere, ése recibirá del Señor, sea siervo o sea libre", (Efesios 6:8).

Jesús fue el más grande Hacedor de Éxito del mundo.

Él *vino* para hacer triunfar al hombre. Él es el "Hacedor de Éxito" original. El vino para llevar a un mejor nivel a hombres y mujeres, y sí, también a niños y adolescentes.

Dios te hizo a Su imagen. Tú eres importante y valioso para Él. Tú eres una extensión de Su vida y personalidad. "Porque a los que antes conoció, también los predestinó para que fuesen hechos conformes a la imagen de Su Hijo, para que Él sea el primogénito entre muchos hermanos. Y a los que predestinó, a éstos también llamó; y a los que llamó, a éstos también justificó; y a los que justificó, a éstos también glorificó. ¿Qué, pues, diremos a esto? Si Dios es por nosotros, ¿quién contra nosotros? El que no escatimó ni a su propio Hijo, sino que lo entregó por todos nosotros, ¿cómo no nos dará también con él todas las cosas? ¿Quién acusará a los escogidos de Dios? Dios es el que justifica", (Romanos 8:29-33).

Tú puedes ser como Él. Eso es lo que Él quería que tú fueras. "Amados, ahora somos hijos de Dios, y aún no se ha manifestado lo que hemos de ser; pero sabemos que cuando él se manifieste, seremos semejantes a él, porque le veremos tal como él es. Y todo aquel que tiene esta esperanza en él, se purifica a sí mismo, así como él es puro", (1 Juan 3:2-3).

"Pues todos sois hijos de Dios por la fe en Cristo Jesús; porque todos los que habéis sido bautizados en Cristo, de Cristo estáis revestidos. Ya no hay judío ni griego; no hay esclavo ni libre; no hay varón ni mujer; porque todos vosotros sois uno en Cristo Jesús. Y si vosotros sois de Cristo, ciertamente linaje de Abraham sois, y herederos según la promesa", (Gálatas 3:26-29).

Pero, ¿Cómo es Dios? La mayoría de nosotros tenemos una opinión confusa, vaga, brumosa, sobre quién es Dios. Yo oí acerca de una mamá que se acercó a la mesita donde su hijo estaba muy laborioso dibujando y coloreando. "¿Qué estás dibujando hijo?", le preguntó.

"Un retrato de Dios", dijo él.

"Pero Billy, nadie sabe cómo es Dios", ella le dijo.

El pequeño pensó por un momento, entonces anunció un hecho real: *"Ellos lo sabrán cuando termine".*

¡Oh, cómo quisiera que todo ministro del evangelio tuviera éxito con esa meta! Es tan difícil describir la belleza en un mundo que es en ocasiones feo y destructivo. *Dios es un Dios Bueno.*

Jesús vino a mostrarnos cómo es Dios. "El que me ha visto a Mí, ha visto al Padre", (Juan 14:9). *Todo Su propósito fue hacerte un triunfador y enseñarte de lo que eres capaz de llegar a ser...hacer...de poseer.* "A Dios nadie le vio jamás; el unigénito Hijo, que está en el seno del Padre, Él le ha dado a conocer", (Juan 1:18).

Dale otro vistazo a la vida de Jesús. Él probó Su poder como un *Hacedor de Éxito*. Él dedicó Su ministerio terrenal por completo y Su vida para ayudar a la gente a que lograra ser más de lo que ya eran, y que tuvieran más de lo que *tenían*. "El ladrón no viene sino para hurtar y matar y destruir; Yo he venido para que tengan vida, y para que la tengan en abundancia.

Yo soy el buen pastor; el buen pastor su vida da por las ovejas", (Juan 10:10-11).

"Cómo Dios ungió con el Espíritu Santo y con poder a Jesús de Nazaret, y cómo éste anduvo haciendo bienes y sanando a todos los oprimidos por el diablo, porque Dios estaba con Él", (Hechos 10:38).

Cuando Jesús veía personas que estaban solitarias, Él pasaba un tiempo de compañerismo con ellos. "Cuando Jesús llegó a aquel lugar, mirando hacia arriba, le vio, y le dijo: Zaqueo, date prisa, desciende, porque hoy es necesario que pose yo en tu casa. Entonces él descendió aprisa, y le recibió gozoso", (Lucas 19:5-6).

Cuando Jesús veía personas que estaban enfermas, Él las sanaba. "Recorría Jesús todas las ciudades y aldeas, enseñando en las sinagogas de ellos, y predicando el evangelio del reino, y sanando toda enfermedad y toda dolencia en el pueblo", (Mateo 9:35).

Cuando Jesús veía gente con hambre y casi desfallecida, Él las alimentaba. "Y Jesús, llamando a Sus discípulos, dijo: Tengo compasión de la gente, porque ya hace tres días que están conmigo, y no tienen qué comer; y enviarlos en ayunas no quiero, no sea que desmayen en el camino", (Mateo 15:32).

Cuando Jesús veía personas que eran tímidas o que estaban atadas por la mediocridad, Él las retaba a ponerse de pie, salir y emprender algo. "Y vinieron a Él y le despertaron, diciendo: ¡Maestro, Maestro, que perecemos! Despertando Él, reprendió al viento y a las olas; y cesaron, y se hizo bonanza. Y les dijo: ¿Dónde está vuestra fe? Y atemorizados, se maravillaban, y se decían unos a otros: ¿Quién es éste, que aun a los vientos y a las aguas manda, y le obedecen?", (Lucas 8:24-25).

Jesús entendía a las personas, porque Él las veía a

través de los ojos de Su Padre. "El Espíritu del Señor está sobre Mí, Por cuanto me ha ungido para dar buenas nuevas a los pobres; Me ha enviado a sanar a los quebrantados de corazón; A pregonar libertad a los cautivos, Y vista a los ciegos; A poner en libertad a los oprimidos", (Lucas 4:18-20). Ese es el porqué Él podía hacerlos exitosos, porque la sabiduría es la llave de oro para el éxito.

Lo Que Tú Hagas Que Suceda Para Otros Dios Hará Que Suceda Para Ti.

Cuando Jesús veía que las personas eran entendidas para saber más, Él les enseñaba. "Viendo la multitud, subió al monte; y sentándose, vinieron a Él sus discípulos. Y abriendo su boca les enseñaba, diciendo", (Mateo 5:1-2).

Jesús entendía las necesidades de la gente y suplía esas necesidades de forma tal como para hacerlos triunfadores. La llave para su éxito era la Sabiduría— *desarrollando una nueva imagen de sí mismos conforme a la imagen de Dios.*

La imagen que tú te formes de ti mismo es determinante para tu éxito o tu fracaso. Dios quiere que tú te veas a ti mismo como Su máxima creación.

▶ Él está derramando Su *mente* en ti.
▶ Él está derramando Su *poder* en ti.
▶ Él está derramando Su *sensibilidad* en ti.
▶ Él está derramando Su *Sabiduría* en tu vida.

"Pero si nuestro evangelio está aún encubierto, entre los que se pierden está encubierto; en los cuales el dios de este siglo cegó el entendimiento de los incrédulos, para que no les resplandezca la luz del evangelio de la gloria de Cristo, el cual es la imagen de Dios", (2 Corintios 4:3-4).

"Porque el Señor es el Espíritu; y donde está el

Espíritu del Señor, allí hay libertad. Por tanto, nosotros todos, mirando a cara descubierta como en un espejo la gloria del Señor, somos transformados de gloria en gloria en la misma imagen, como por el Espíritu del Señor", (2 Corintios 3:17-18).

Vete a ti mismo como un solucionador de problemas para otros...como un hacedor de éxito para Dios. Recuerda—Lo Que Haces Que Suceda Para Otros Dios Hará Que Suceda Para Ti.

El Secreto De Éxito Más Grandioso Que Dios Me Ha Enseñado

¡Helo aquí! Después de caminar 52 años con Dios y estudiar los Principios del Éxito, estoy convencido de que las tres cosas más importantes en tu vida son: El Espíritu Santo, La Asignación y La Semilla. Estos capítulos han sido extractos de los libros: 1) *El Manual del Espíritu Santo,* 2) *La Asignación* (Volúmenes 1, 2 y 3) y 3) *31 Razones Por Lo Que La Gente No Recibe Su Cosecha Financiera.* Para tener una información más completa, te animo a que ordenes los tres volúmenes.

Tuyo por Su Sabiduría,

Mike Murdock

DECISIÓN

¿Aceptarás A Jesús Como Salvador De Tu Vida Hoy?

La Biblia dice, "Que si confesares con tu boca que Jesús es el Señor, y creyeres en tu corazón que Dios le levantó de los muertos, serás salvo", (Romanos 10:9).

Para recibir a Jesucristo como Señor y Salvador de tu vida, ¡por favor haz esta oración con tu corazón ahora mismo!

"Querido Jesús, yo creo que Tú moriste por mí y que resucitaste al tercer día. Confieso que soy un pecador. Yo necesito Tu amor y Tu perdón. Entra a mi corazón. Perdona mis pecados. Yo recibo Tu vida Yo recibo vida eterna. Confirma Tu amor al dándome paz, gozo y amor sobrenatural por otros los demás. Amén".

☐ ¡Sí, Mike! Hoy tomé la decisión de aceptar a Cristo como mi Salvador personal. Por favor envíame gratis tu libro de obsequio: *31 Llaves Para Un Nuevo Inicio* para ayudarme con mi nueva vida en Cristo.

NOMBRE   CUMPLEAÑOS

DIRECCIÓN

CIUDAD   ESTADO   CÓDIGO POSTAL

TELÉFONO   CORREO ELECTRÓNICO

Envíalo por correo a:
The Wisdom Center
4051 Denton Hwy. · Ft. Worth, TX 76117
Teléfono: 1-817-759-0300
Sitio Web: www.TheWisdomCenter.tv

DR. MIKE MURDOCK

1 Ha abrazado la Asignación de perseguir...poseer...y publicar la Sabiduría de Dios para ayudar a la gente a alcanzar sus sueños y metas.

2 Se inició en evangelismo de tiempo completo a la edad de 19 años y lo ha hecho continuamente desde 1966.

3 Ha viajado y hablado a más de 16,000 audiencias en 40 países, incluyendo el Este y Oeste de África, el Oriente y Europa.

4 Connotado autor de más de 200 libros, incluyendo los best sellers: *Sabiduría Para Triunfar, Semillas De Sueños* y *El Principio Del Doble Diamante*.

5 Es el creador de la popular "Biblia Temática" en las series para Hombres de Negocios, Madres, Padres, Adolescentes, además de "La Biblia de Bolsillo de Un Minuto" y de las series "La Vida Fuera de Lo Común".

6 El Creador de los 7 Sistemas Maestros de Mentoría.

7 Ha compuesto más de 5,700 canciones, entre ellas: "I Am Blessed" "You Can Make It" "Holy Spirit This Is Your House" y "Jesus, Just The Mention of Your Name" mismas que han sido grabadas por diversos artistas de música cristiana 'gospel'.

8 Es el fundador de: The Wisdom Center, (El Centro de Sabiduría) en Ft. Worth, Tx.

9 Tiene un programa semanal de televisión titulado "Llaves de Sabiduría con Mike Murdock".

10 Se ha presentado frecuentemente en programas de las televisoras cristianas TBN, CBN, BET y DAYSTAR.

11 Ha tenido más de 3,000 personas que han aceptado el llamado al ministerio de tiempo completo, bajo su ministerio.

EL MINISTERIO

1 **Libros De Sabiduría & Literatura:** Más de 200 Libros de Sabiduría, éxitos de librería, y 70 series de enseñanza en audio casete.

2 **Campañas En Las Iglesias:** Multitud de personas son ministradas en las campañas y seminarios en los Estados Unidos, en la "Conferencia de Sabiduría Fuera De Lo Común". Conocido como un hombre que ama a los pastores, se ha enfocado a participar en campañas en iglesias durante 41 años.

3 **Ministerio De Música:** Millones de personas han sido bendecidas con la unción en las composiciones y el canto de Mike Murdock, quien ha producido más de 15 álbumes musicales. Disponibles también en CD.

4 **Televisión:** "Llaves de Sabiduría Con Mike Murdock", es el programa semanal de televisión que se transmite a nivel nacional, presentando a Mike Murdock en sus facetas de maestro y adorador.

5 **The Wisdom Center:** (El Centro De Sabiduría) Las oficinas del ministerio, son el lugar donde el Dr. Murdock presenta una vez al año la Escuela de Sabiduría, para quienes desean experimentar "La Vida Fuera de lo Común".

6 **Escuelas Del Espíritu Santo:** Mike Murdock es el anfitrión de Escuelas Del Espíritu Santo en cuantiosas iglesias, para dar mentoría a los creyentes acerca de la Persona y Compañerismo Del Espíritu Santo.

7 **Escuelas De Sabiduría:** En las 24 ciudades principales de los Estados Unidos, Mike Murdock presenta Escuelas de Sabiduría para quienes desean una capacitación avanzada para lograr "La Vida Fuera de lo Común".

8 **Ministerio De Misiones:** Las misiones de alcance en ultramar a 40 países, que realiza el Dr. Mike Murdock, incluyen campañas en el Este y Oeste de África, Sudamérica y Europa.

¡Ordena Tu Co

Semillas De Sabiduría Biblia Temática /SB-31/$10.00

101 Llaves De Sabiduría
SB-48/$5.00

31 Llaves Para Un Nuevo Comienzo
SB-48/$5.00

Manual Del Espíritu Santo
SB-100/$10.00

La Ley Del Reconocimiento
SB-114/$10.00

Donde Nacen Los Milagros
SB-115/$5.00

El Día Más Grandioso De Mi Vida
SB-116/$5.00

Comentario A La Sabiduría 1
SB-136PB/$20.00

31 Escrituras Que Cada Niño Debe Memorizar /SB-140/$3.00

El Ministro Fuera De Lo Común
SB-241/$12.00

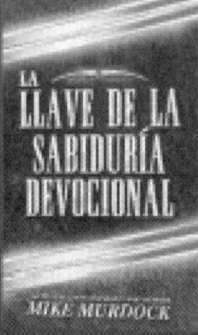
La Llave de la Sabiduría Devocional
SB-165/$8.00

 THE WISDOM CENTER 4051 Denton Highway • Fort Worth, TX 76117 • USA **USA** 1-817-759-0300 ¡Te Enamorarás de Nuestro Website...! **www.TheWisdomCenter.tv**

ia En Línea Ahora!

La Mujer De Proverbios 31
SB-48/$7.00

Treinta Y Un Secretos De Una Mujer Inolvidable /SB-57/$9.00

Los Secretos Del Liderazgo De Jesús /SB-91/$10.00

Los Secretos Del Hombre Más Rico Que Ha Existido /SB-99/$10.00

Semillas De Sabiduría En La Palabra De Dios /SB-117/$8.00

7 Recompensas Por Resolver Problemas /SB-118/$5.00

El Triunfador Excepcional SB-133/$10.00

El Sueño Extraordinario SB-135/$15.00

2 Minutos De Sabiduría Volumen 1 SB-246/$7.00

2 Minutos De Sabiduría Volumen 2 SB-247/$7.00

The Wisdom Center
¡Sabiduría... El Regalo Más Grande!
Sabiduría Ante Todo

Más 10% Por Gastos De Envío

 THE WISDOM CENTER
4051 Denton Highway • Fort Worth, TX 76117 • USA.

USA
1-817-759-0300

¡Te Encontraras de Nuestro Website...!
www.TheWisdomCenter.tv

Mi Regalo De Aprecio...
El Comentario A La Sabiduría 1

El Comentario A La Sabiduría 1 incluye 52 temas… para que enseñes a tu familia cada semana del año.

Estos temas incluyen:

- Las Habilidades
- Los Logros
- La Unción
- La Asignación
- La Amargura
- La Bendición
- La Profesión
- El Cambio
- Los Niños
- El Noviazgo
- La Depresión
- La Disciplina
- El Divorcio
- Los Sueños y Los Objetivos
- El Enemigo
- El Entusiasmo
- El Favor
- Las Finanzas
- Los Necios
- El Dar
- El Establecimiento De Metas
- Dios
- La Felicidad
- El Espíritu Santo
- Las Ideas
- La Intercesión
- Los Empleos
- La Soledad
- El Amor
- La Mentoría
- Los Ministros
- Los Milagros
- Los Errores
- El Dinero
- La Negociación
- La Oración
- La Resolución De Problemas
- Los Protegidos
- Satanás
- El Lugar Secreto
- La Semilla De Fe
- La Confianza En Sí Mismo
- La Lucha
- El Éxito
- La Administración Del Tiempo
- El Entendimiento
- La Victoria
- Las Debilidades
- La Sabiduría
- La Palabra De Dios
- Las Palabras
- El Trabajo

OBSEQUIO DE APRECIO
Por Tu Semilla De Patrocinio de $100 Dólares o Más
SB-136

Mas 10% Por Gastos De Envío

¡Este Es Mi Regalo De Aprecio Para Quienes Patrocinen La Terminación Del Centro De Oración Dr. J.E. Murdock!

Muchísimas gracias por formar parte de este proyecto maravilloso— ¡La Terminación del Centro de Oración! *El 'Comentario A La Sabiduría' es mi Regalo de Aprecio por tu Semilla de Patrocinio de $100 dólares…* ¡Conviértete en un patrocinador! Te enamorarás de este primer volumen del 'Comentario A La Sabiduría'. Este es un obsequio exclusivo para quienes patrocinen El Centro De Oración Dr. J.E. Murdock.

THE WISDOM CENTER
4051 Denton Highway • Fort Worth, TX 76117 • USA

USA
1-817-759-0300

¡Te Enamorarás de Nuestro Website...!
www.TheWisdomCenter.tv